ХАРАКТЕР
РУССКОГО НАРОДА

俄罗斯人的性格

НиколайОнуфриевичЛосский
[俄] 尼古拉·奥努夫里耶维奇·洛斯基 著

静纳 译

天 地 出 版 社 | TIANDI PRESS

图书在版编目（CIP）数据

俄罗斯人的性格 /（俄罗斯）尼古拉·奥努夫里耶维奇·洛斯基著; 静纳译. — 成都：天地出版社, 2024.11. — ISBN 978-7-5455-8310-6

Ⅰ.①俄… Ⅱ.①尼…②静… Ⅲ.①俄罗斯人—民族性—研究 Ⅳ.①C955.512.1

中国国家版本馆CIP数据核字（2024）第071832号

ELUOSIREN DE XINGGE

俄罗斯人的性格

出 品 人	杨 政
作　者	[俄] 尼古拉·奥努夫里耶维奇·洛斯基
译　者	静 纳
责任编辑	陈文龙
责任校对	梁续红
装帧设计	今亮后声·小九
内文排版	挺有文化
责任印制	王学锋

出版发行	天地出版社
	（成都市锦江区三色路238号 邮政编码：610023）
	（北京市方庄芳群园3区3号 邮政编码：100078）
网　　址	http://www.tiandiph.com
电子邮箱	tianditg@163.com
经　　销	新华文轩出版传媒股份有限公司

印　　刷	北京文昌阁彩色印刷有限责任公司
版　　次	2024年11月第1版
印　　次	2024年11月第1次印刷
开　　本	880mm×1230mm 1/32
印　　张	9.5
字　　数	167千字
定　　价	68.00元
书　　号	ISBN 978-7-5455-8310-6

版权所有◆违者必究

咨询电话：(028) 87734639（总编室）
购书热线：(010) 67693207（营销中心）

如有印装错误，请与本社联系调换。

目 录
CONTENTS

引言 1

第一章
俄罗斯人的宗教性 001

第二章
俄罗斯人的高级经验能力 041

第三章
情感与意志 061

第四章
自由之爱 093

第五章
民粹派运动 113

第六章
俄罗斯人的善良 133

1. 善良 134
2. 俄罗斯妇女 144
3. 残忍 152

第七章
俄罗斯人的天赋 171

1．多才多艺 172
2．文学作品 178
3．音乐。戏剧 199
4．绘画。建筑 208

第八章
俄罗斯人的救世论和使命感 221

第九章
中间领域文化的欠缺 235

第十章
旧礼仪派运动 245

第十一章
虚无主义。流氓习气 257

1．虚无主义 258
2．流氓习气 280

结语 285
译后有感 298

引 言
INTRODUCTION

每个人都是世界上独一无二的个体，在存在上不可重复，在价值上亦无法取代。人的个体独特性不能用一般概念表达。在试图刻画俄罗斯人时，当然不得不说到那些一般特点，它们在俄罗斯人身上最常碰到，因此可用一般概念表达。这些一般特点是从每个单独的人的个体本质中派生出来的某种次要之物，但它们也值得研究，因为能使人认识到，哪些性格特征在该民族中最常见。

读者不应该认为，找到的这些一般特点属于每个俄罗斯人。每个民族的生活中都体现出一组组对立，而这些对立在俄罗斯人中尤其多。许多对立在其他民族的人身上同样存在，但在每个民族中都有其独特性。

最吸引人但也是最困难的、并非总能解决的任务是找到一种主要特点，一分为二来

俄罗斯人的性格
Характер русского народа

剖析，这样一来消极的特点就像同一枚奖牌的背面，正面则是积极的一面。民族性格研究中第二项较易解决的任务是，确定民族的哪些特点是其心灵的原初和主要内容，哪些特点是从其根本中产生出来的。

我在札记中要讨论的是单个俄罗斯人的心灵，而不是俄罗斯民族整体或俄罗斯国家的心灵。按照我所持的等级人格主义形而上学，每个社会整体、民族、国家等，都是最高级别的个性：其基础是把社会整体组织起来的心灵，使加入整体的人们有如器官一般为它服务。哲学家和历史学家列·普·卡尔萨文称这种存在为交响乐个性。这种社会整体的心灵的特点有时或在某些方面可能与加入整体的人的性格截然不同。古罗马人很精辟地总结出本国生活的这一现象：他们说"元老们是好人，元老院是恶兽"（senatores boni viri, senatus mala bestia）。当然了，加入社会整体的人的某些特点也属于这一整体本身。因此我有时要谈的不仅是俄罗斯人的性格，也是俄罗斯国家的性格。

第一章

俄罗斯人的宗教性

俄罗斯人的性格
Характер русского народа

　　俄罗斯人的主要和尤其深刻的性格特征是宗教性以及相关的探索绝对之善，而这样一种善，只在神的国中实现。不掺杂任何恶与不完善的完美的善存在于神的国，因为组成它的个性在其行为中完全履行耶稣基督的两项诫命：爱上帝胜过爱自己，爱邻人如同爱自己。神的国的成员毫无利己之心，因此他们只创造绝对价值——道德之善、美、认识真理、供全世界享用的不可分也不可尽的福。相对的福，也就是那些享用起来对一些人是善、对另一些人则是恶的福，不会吸引神的国的成员。对它们的追逐构成自私性格的人，也就是那些不具备对上帝的完全的爱、并且视自己比邻人为重的人，他们的主要生活内容，即便不总是如此、至少在某些情况下如此。

　　既然神的国的成员毫无利己之心，那他们的身体就不是物质的，而是经过改造的。事实上，物质身体是利己的结果：它通过排斥行为制造相对不可穿透的体积，从而占据一部分空间而得到。这种身体会受到伤害和毁坏，充满不完善，必然与生存斗争联系在一起。被改造的身体经天国居民所创造的光、声音、热和芳香等过程而铸就，是其创造绝对价值的精神创造的表现。这种精神和身体的整体具有理想的美。经过改造的身体不包含碰撞行为，不会遭到排斥；因此它能够穿透一切物质障碍，不会受到任何伤害，也不会被任何东西毁坏。神的国的成员不遭受身体上的死亡。在这个国里根本没有任何的不完善与任何的恶。[1]

当然，探索绝对之善并不意味着，俄罗斯人，例如，平头百姓，自觉地向往神的国，在脑海中有一套关于它的学说的复杂体系。幸运的是，在人心里有种向往善和谴责恶的力量，与他的教育程度和学识无关：这种力量是良心的声音。俄罗斯人尤其具备对善恶的敏锐识别能力；他敏锐地看出我们的一切行为、风气和制度中的不完善，从不以它们为满足，也从未停止探索完美的善。

---

[1] 参看笔者的《绝对之善的条件》一书巴黎版（*Des conditions de la morale absolue*. Ed. de la Baconnière, Neuchatel, 1948）。

10世纪之前,东斯拉夫人信奉多神教。988年,拜占庭皇帝将安娜公主嫁给基辅罗斯大公弗拉基米尔,弗拉基米尔大公则由此接受了基督教东派教义(即后来的东正教),命令罗斯人接受洗礼,从此东正教成为其国教

第一章 俄罗斯人的宗教性

各个民族的宗教和哲学在基督教产生很久以前就已确定，人和世界上的一切存在都自觉或不自觉地向往绝对的完善，向往上帝。①族群之间的区别在于，这种向上的追求在他们那里以何种形式、在何种程度上实现，以及他们在这一过程中受到哪些诱惑。我的关于俄罗斯人札记的很大一部分，是用来讨论俄罗斯人探索绝对之善的性格问题的。

翻开谢·米·索洛维约夫的鸿篇巨制《远古以来的俄国史》，我们在里面能够找到编年史文献，王公之间的交往，亲兵与王公的交往，神职人员的影响，大贵族与王公的交往，外交官和统帅的呈文。所有这些文献都充满关于上帝的提示、关于神的意志和服从上帝的思想。王公在死前通常剃度，"出家离世"。季米特里·斯维亚托斯拉维奇·尤里耶夫斯基的言行可以为例。他向为他剃度、披上大法衣的罗斯托夫主教说道："神父大人，伊格纳季主教，主上帝，行你的事，打发我上路远行，经年累世，让我成为一名战士，为真正的王基督、我们的上帝而战。"〔第4卷第3章，第1172

---

① 参看笔者的《价值与存在》一书，第2章第52—54页（Value and Existence. George Allen and Unwin）。

页（第3版）；凡可参看第1172—1174页］

18世纪在俄国贵族中涌现出许多伏尔泰主义者，共济会员的活动在世纪下半叶广泛开展，他们力图深入理解基督教真理，并在个人和社会生活中加以实现。俄罗斯人的宗教性在19世纪表现在探索绝对之善和生命意义的伟大文学作品中，也表现在宗教哲学的繁荣上。

上文所列举的俄罗斯人的宗教性表现属于上层人的言行。至于下层人民，尤其是农民，他们的宗教性表现得同样明显。回想一下俄国的云游朝圣者，他们尤其热衷朝拜那些久负盛名的修道院，如谢尔吉圣三一大修道院、基辅洞窟大修道院、索洛维茨基修道院、波恰耶夫修道院，出俄国境外则去阿封山、巴勒斯坦。渴望膜拜显灵圣母像以及朝拜各种圣母像，对不具备具体的宗教经验的人来说看似偶像崇拜。帕维尔·弗洛连斯基神父在《真理的柱石和根基》一书中深刻地阐明这些现象。他写道："每一幅合法的圣母像，'显过灵的'，也就是行过神迹，可以说得到圣母本人认可和确定，由圣母本人见证精神上是真实的，都是仅一个方面的印迹，是蒙大恩者的仅一道光落在尘世的亮点，她的如诗如画的名字中的一个。由此……寻求膜拜各种圣像。其中一些圣像的名称部分地反映出其精神实质。"

索洛维茨基修道院，修建于15世纪前半期，位于俄罗斯北方白海的索洛维茨基岛西南岸，环境优美，成为当地主要的宗教和文化中心

（第369页及以下）

文化不高的普通人能达到怎样高的精神生活，《朝圣者向忏悔神父的告白》一书可以为例。陀思妥耶夫斯基在俄罗斯人的基督教精神中看到他们一切好的特点集大成者。"也许，基督是俄罗斯人唯一的爱"，陀思妥耶夫斯基想道（《作家日记》，1873年5月）。他证明这一思想如下：俄罗斯人独特地把基督作为理想的仁者接纳到心里；他们因此而具有真正的精神启蒙，在祷告和关于圣徒的传说中，在崇敬伟大的修行者中获得这种启蒙。他们的历史上的理想是圣徒拉多涅日的谢尔吉、洞窟修道院的费奥多西和顿河左岸的吉洪。[1]陀思妥耶夫斯基写道，俄罗斯人承认神圣是最高的价值，追求绝对之善，并不把尘世的相对价值，例如私有财产，提高到"神圣"原则级别。陀思妥耶夫斯基在长篇小说《群魔》中借沙托夫之口表达出自己的思想：俄罗斯人是"怀神的民族"（第2卷第1章）。

研究俄罗斯人的宗教性的格·彼·费多托夫在《俄国

---

[1]〔俄〕陀思妥耶夫斯基：《作家日记》（上），张羽译，河北教育出版社2010年版，第208页。——译者注

宗教思想（基辅罗斯）》（*Russian Religions Mind. Kievan Russia*）一书中提出，基督教在罗斯落入蒙恩的土壤：基督教在受蒙古压迫以前的基辅罗斯已被人掌握，至少被上层人掌握其真正实质，即作为一种爱的宗教。基辅大公弗拉基米尔·莫诺马赫（1125年过世）在《家训》中谴责骄傲和空虚，反对死刑，视大自然为美和神的荣光，很看重祷告。他写道："要是你们骑在马上没事儿干，又不知道别的祷告词，就要不断地重复'求主怜悯'。这比想小事（胡思乱想）好。"他劝告对所有人友善："不要走过人身边而不打招呼，要对他说好话。"基辅罗斯都主教尼基福尔在给莫诺马赫的《书信》中写道，他喜欢为别人备下筵席，亲自招待宾客；"他的手下大吃大喝，他却只坐着观看，以少食和水为用"。在这里要指出，弗拉基米尔·莫诺马赫生性勇猛，在打仗和危险的狩猎中表现出非凡的胆量。

在罗斯接下来的历史中，下层居民也跟在上层社会之后，在伟大圣徒的感召下皈依了基督教，以至于人们的理想不再是强大的、富裕的，而是"神圣的罗斯"。费多托夫写道："在古罗斯的神圣当中，福音里的基督形象比历史上任

基辅大公莫诺马赫(1053—1125),1113年镇压基辅人民起义,重新统一基辅罗斯

何时期都光彩照人。"①

俄罗斯圣徒在自己的行为中着重体现基督的"虚己"和他的"奴仆形象":贫穷、谦卑、生活俭朴、自我奉献、柔顺(《古罗斯圣徒》,第128页)。圣尼古拉的英勇仁爱和奇迹深受人们喜爱,成为俄罗斯民族的圣徒(上引书,第44页)。圣主教金口约翰和叙利亚的圣厄弗冷的传道词广为传诵;在前者的传道中吸引人的是呼唤仁慈,在后者的传道中则是呼唤忏悔。

列夫·托尔斯泰很了解俄罗斯人,他的生活和作品是探索绝对之善和生命意义的鲜明例子。他在《农村之歌》一文中写道,俄罗斯人"柔顺、有智慧、神圣"。他在临死前两年所作《奥尔洛夫画册〈俄国的农夫〉序言》中关于俄国农民写道,这是一些"谦卑、劳苦、有基督教精神、柔顺和能忍耐的人。我和奥尔洛夫爱他们身上那颗谦卑、忍耐和被真正基督教启蒙的农夫的心灵"。托尔斯泰在看奥尔洛夫的画时,感受到"人民伟大的精神力量"。

---

① Федотов Г. *Святые Древней Руси*. Париж, 1931. С.251.

圣尼古拉（约270—343），基督教圣徒，出生于米拉城（今土耳其境内）。他是东正教非常重要的圣人，也是俄罗斯人最喜爱、最亲近的圣徒

第一章 俄罗斯人的宗教性

谢·路·弗兰克在他出色的文章《俄罗斯人的世界观》（*Die Russische Weltanschauung*）中写道："俄罗斯精神整个渗透着宗教性。"[①] 别尔嘉耶夫在议论俄国时经常重复说，俄罗斯人对中间领域的文化不感兴趣。他写道："俄罗斯理念不是繁荣文化和强大王国的理念，俄罗斯理念是神的国的末世论理念。""东正教，特别是俄罗斯东正教，没有自己对文化的证明，其中，在对待人在此世所创造的一切的态度上，有虚无主义因素……在东正教里，基督教末世论表达得最强烈。""我们俄罗斯人都是启示论者或虚无主义者。"[②]

历史学家和哲学家列夫·普拉东诺维奇·卡尔萨文认为，俄罗斯精神的根本点是宗教性，包括战斗的无神论在内。俄罗斯理想是教会和国家相互渗透。但遗憾的是，他写道，俄罗斯正教有一个严重的缺陷——它的消极无为。"对未来神化的信心使现在了无生趣。"何况理想不能"通过局

[①] *Philosophische Vorträge*, veröffentlicht von der Kantgesellschaft. 1926. Nr. 29.
[②] 〔俄〕别尔嘉耶夫：《俄罗斯理念》，张百春译，北京大学出版社2024年版，第186、172、171页。——译者注

部的改革和分散的努力"来实现；但俄罗斯人"总是出于某种绝对或绝对化之物"而想要行动。俄罗斯人一旦对绝对理想产生怀疑，就可以达到极端粗野的境地或对一切冷淡；他能够从"难以置信的奉公守法一直到最没有节制的无穷叛乱"。俄罗斯人渴望无限，害怕确定；按照卡尔萨文的意见，由此可以解释俄罗斯人天才的再现力。[1] 瓦尔特·舒巴特是波罗的海的德意志人，大概像俄国人自己那样谙熟俄罗斯语言和文化，写了一本非常好的书《欧洲与东方的心灵》（*Europa und die Seele des Ostens*），这本书被翻译成俄语和英语。舒巴特主要将两种类型的人进行对比：普罗米修斯式的英雄人物和约翰式的救世论人物，也就是约翰福音中给出的理想的人。他把斯拉夫人，尤其俄罗斯人看作约翰类型的代表。普罗米修斯式的"英雄人物视世界为混沌，他要以自己的组织力为它赋形；他充满对权力的渴望；他离上帝越来越远，越来越深陷物的世界。世俗化是他的命运，英雄主义是他的生命情感，悲剧是他的终结"。"当代罗曼人和日耳

---

[1] Карсавин Л. *Восток, Запад и русская идея*. C.15, 70, 58, 62, 79.

第一章 俄罗斯人的宗教性

曼人"是这种人。①

约翰式的、"救世论人物感到自己受召在尘世建立最高的属神秩序,他莫名其妙地怀有这种形象。他想要在身边恢复在自己身上感受到的和谐。早期基督徒和大多数斯拉夫人都怀有这种感受"。"救世论人物感到振奋的不是获取权力,而是和解与爱的情绪。他不是分而治之,而是找寻分裂之物,以便把它重新联合起来。他不受怀疑与仇恨的情感驱动,对物的本质充满深刻信任。他视人们为兄弟,而非仇敌;视世界为需要照亮和圣化的粗糙物质,而非应当猛扑上去的猎物。他受某种宇宙附体的情感驱动,从自己身上感受到的整体概念出发,并想要在四分五裂的周遭恢复这种整体。对无所不包之物的渴望和使它看得见摸得着的愿望让他不得安宁。"(《欧洲与东方的心灵》,第5页及以下)"争取普世性将成为约翰式人物的主要特征。"(上引书,第9页)在约翰的时代重心将转移到这样的人手中,他们追求"作为民族性格不变特征的超尘世之物,斯拉夫人,尤其

---

① Шубарт В. *Европа и душа Востока*. 3-е изд. С.5, 6.英文版:*Russia and Western Man.*

俄罗斯人是这种人。现在酝酿的重大事件是，斯拉夫族作为主导文化力量的上升"（上引书，第16页）。

舒巴特写这本书的目的是"通过对比"影响"欧洲的自我认知"（《欧洲与东方的心灵》，第25页）。他写道，"西方赠给人类尤其完善的技术形式、国家体制和交往方式，但它夺走了人类的心灵。俄国的任务是把心灵交还给人们"。"只有俄国能给人类以精神，人类深陷于物质当中并被热衷权力所败坏。"（上引书，第26页）舒巴特写道，普罗米修斯式的世界观曾在俄国掀起三次狂澜，"第一次是经过彼得一世的欧化政策，之后是经过法国大革命思想，最后是经过无神论社会主义"（上引书，第56页）。俄罗斯心灵对这种普罗米修斯精神的反应有时是苦修主义，但更多是救世论的：他想要"按内心的天上形象"为外部世界定形，他的理想"不是纯粹的此岸性，像普罗米修斯式的人物那样，而是神的国"（上引书，第58页及以下）。

舒巴特的书见证着他对俄罗斯人和俄罗斯文化的深刻的爱。只有喜爱的目光才能看穿所爱之物的理想深处，甚至那些远未充分实现、有待进一步发展的深处。舒巴特的整本书具有这种洞察深处以及埋藏在斯拉夫人、尤其俄罗斯人精神中的潜能的特点。因此读这本书是有益的，尤其对俄

彼得一世（1672—1725），1721年11月称帝，后世尊称其为彼得大帝，其于17世纪末期开始的一系列政治、经济、军事改革，为近代俄国的发展打下基础

罗斯人，以便祈求神的帮助，把舒巴特在斯拉夫人身上找到的精神特点发扬光大，并认识到在这条道路上所应警惕的偏差。

俄罗斯人的宗教性特点最重要的表现在俄罗斯正教会里实现。别尔嘉耶夫是对的，他说俄罗斯正教集中在末世论，集中在渴望神的国，也就是超尘世的绝对之善。正教的这一特点鲜明地反映在整个礼拜活动和教会生活的节日中，其中"节中之节"是巴斯哈——基督复活节，标志着以变形，也就是在神的国中的生命形式战胜死亡。俄罗斯正教会圣像类似于拜占庭圣像，截然不同于意大利文艺复兴时期的宗教绘画：它们的美不是尘世的悦目，而是超尘世的精神性。

正教修道团体过的是为自己的灵魂和全世界祷告的生活。他们从事苦修和修道院劳动，很少参与尘世生活。从之前在巴黎出版的修士司祭索福罗尼的《长老西拉》一书中能够获得对俄国修道生活这一特点的鲜活认识。正教之人依靠在崇敬圣徒时与主上帝和神的国的生动祷告交流，在自己的宗教生活和神学著作中遵循的不是引经据典和复杂推论，而是鲜活的宗教经验。① 霍米亚科夫关于正教会在制定教义和教会生活原则时不服从外部权威的见解非常重要。他在思考怎样在教会生活中结合两项难以联合的原则——自由与统一时，提出非常好的独特的和衷概念。他写道，天主教威权教会有统一而无自由，新教教会则有自由而无统一。按照他的学说，建立教会的原则应该是和衷，该词指众人基于对上帝、神人耶稣基督和神的公义共同之爱的统一。爱把有信仰的人自由地联合在教会——基督身体里。

霍米亚科夫忽略了一点，超国家的天主教会把欧洲、亚洲和美洲等地的天主教徒结合为一个整体，保持统一靠的也是和衷，也就是天主教徒对同样一些崇高价值的爱。但正教的高明之处在于，和衷原则在它里面被视为比任何尘世权威都高的教会基础。霍米亚科夫承认，和衷原则在正教并未充分实现，高级神职人员经常倾向于专制，但这种现象在尘世有罪的生活条件下可以理解，好的是爱的原则、并因而是自

---

① 参看弗·洛斯基《东方教会神秘神学》一书（Lossky V. *Essai sur la théologie mystique de l'Eglise d'Orient.* Aubier. Paris, 1945）。关于宗教经验的首要意义，参看谢·路·弗兰克《神与我们同在》（*God with Us*）一书。

由的原则在正教被宣布。

霍米亚科夫提出的和衷概念十分重要且独特，以至于不能被翻译成其他语言，"和衷"一词被德国和英美书刊所接受。英美一些城市的安立甘和正教徒团契[①]（fellowship）甚至以"和衷"为名出版杂志（*Sobornost*）。

关于得救的法定学说被正教会所摈弃。与正教会精神相符合的学说是，对上帝和邻人完全的爱引导的行为本身是至福，无需任何外部奖励。修士大司祭（后来的牧首）谢尔吉在19世纪末写了一本对这个问题的详细论著——《正教关于得救的学说》。

以爱为基础的正教会精神反映在许多俄国神职人员的"良善"性格甚至外表当中。舒巴特很好地看出俄国神职人员的这一特征。他写道："和谐精神驻在整个最古老的俄国基督教里面。""和谐存在于俄国司祭的形象当中。他那柔和的面部特征和波浪似的头发好似古代的圣像。与西方耶稣会士首领们平板、严厉、凯撒式的面容形成巨大的反

[①] 团契，基督教新教徒组织形式之一，用来指教徒间的团结契合，通常以组织、地域、职业等带有群体性质的方式命名。——编者注

第一章　俄罗斯人的宗教性

差。""与欧洲人煞有介事、几乎戏剧化的行为相比，基列耶夫斯基指出在正教会传统中长大的人谦卑、平和、克制、高贵且内心和谐。这一点在所有方面，甚至在祷告时也能感觉到。俄罗斯人不会感动到忘乎所以，相反，格外注意保持清醒的理智与和谐的精神状态。"（《欧洲与东方的心灵》，第51页）托尔斯泰在《战争与和平》中同样指出俄国司祭的这些特点。莫斯科在1812年7月12日主日收到与拿破仑开战的诏书，主教院也发来从敌人侵略下拯救俄国的祷文。托尔斯泰写道，教堂里的司祭，"和善的小老头儿"念着祷文，"'万能的上帝，我们的救主'，司祭用清楚、平稳与温和的声音开始念祷文，只有斯拉夫教士才能用这样的声音祈祷"[1]，使俄国人的心完全被感动。

弗拉基米尔·费利蒙诺维奇·马尔钦科夫斯基在他出色的《信者纪行》一书中也谈到俄罗斯正教的良善特点。马尔钦科夫斯基在成为传道士后，走遍整个欧俄地区，碰到过许多人，他在自己丰富的经验基础上写道，各阶层的俄罗斯

---

[1]〔俄〕列夫·托尔斯泰：《战争与和平》，草婴译，上海译文出版社1995年版，第880页。——译者注

俄罗斯人的性格
Характер русского народа

人都有深刻的宗教性,渴望宗教启蒙。他在莫斯科被关进塔甘卡监狱时,认识了在狱中当卫生员的修士司祭格奥尔吉神父。他写道:"结识这位地道的俄罗斯正教神父,明白说是俄国基督教的代表,对我来说是一大收获。他的质朴中包含着智慧、顽强的意志,主要的是,令人惊异的柔软、宽广和爱,无尽的爱……"

格奥尔吉神父以前是奥普塔修道院阿姆弗罗西长老的见习修士。马尔钦科夫斯基从他口中道出一段列夫·托尔斯泰的奇闻。

"格奥尔吉神父还见过离开亚斯纳亚波利亚纳来到奥普塔的列·尼·托尔斯泰。列夫·尼古拉耶维奇·托尔斯泰没能见到当时重病在床的约瑟夫长老,若有所思地踱上一条林中小路。他看见两名修道士走过来,背着采蘑菇的篓子。彼此打了招呼。'你们这个地方好!……我也想在这儿盖一所小房子,和你们一起住。''哦,可以啊。'一名修士柔声答道。列夫·尼古拉耶维奇在第二次求见约瑟夫神父未果后去了沙马尔丁诺,看望在那里出家的妹妹玛丽亚·尼古拉耶夫娜。他很爱自己的妹妹。格奥尔吉神父证实,列夫·尼古拉耶维奇当时对妹妹说:'玛申卡,我后悔自己关于耶稣基督所讲的……'谈话被赶来的切尔特科夫和马科维茨基打断,他们把列夫·尼古拉耶维奇从沙马尔丁诺接走。"[1] 很难证明,格奥尔吉神父关于列夫·托尔斯泰在与妹妹最后见面时的谈话是否属实。托尔斯泰在临终前不再粗暴攻击传统学说和教会礼仪。因此格奥尔吉神父的讲述或许有几分真实。但他的讲述有一个重要的不实之处。托尔斯泰离开亚斯纳亚波利亚纳后,马科维茨基医生一直跟随在他身边。到沙马尔丁诺来找他们的是托尔斯泰的女儿亚历山德拉·利沃夫娜。切尔特科夫没有出现在沙马尔丁诺,托尔斯泰离开沙马尔丁诺后才与他会合。托尔斯泰急着离开那里,是怕妻子索菲娅·安德烈耶夫娜追赶过来。还要指出的是,"我后悔自己关于耶稣基督所讲的"这句话,列夫·尼古拉耶维奇的妹妹本人没有向他的其他家人交代过。不知道是谁把它传给格奥尔吉神父,以及传得是否准确。[2] 因此没有证据确认,列夫·托尔斯泰在生命尽头承认了耶稣基督的神人类,但不能怀疑的是,他不再粗暴攻击基督教。

---

[1] Марцинковский В.Ф. *Записки верующего*. Прага, 1929. С.171 и след.
[2] 参看《父亲》一书,〔俄〕亚·托尔斯泰娅著,秦得儒等译,上海译文出版社1986年版。——译者注

俄罗斯人的宗教性和神职人员的柔顺良善似乎应反映在宣扬社会基督教，也就是关于不仅要在人的个体关系上，也要在立法与社会和国家机构的组织中实现基督教原则的学说。勒鲁瓦-博利厄在关于俄国的巨著《沙皇的帝国和俄国人》第三卷中写道：俄国的独特性能够体现在实现福音精神上，即"在社会生活中运用基督伦理学，不亚于在个人生活中"（第3卷，第506页）。正教神职人员在19世纪试图在书刊中表述这一想法，政府却不断压制他们的这种意图，强化宗教生活的目的似乎只是关心个人的灵魂得救。在格奥尔吉·弗洛罗夫斯基神父的《俄罗斯宗教哲学之路》一书中，能够在《历史学派》一章找到许多关于政府限制神职人员著书立说、妨碍宗教思想体系的发展从而损害教会与社会的材料。政府把教会贬低至国家仆役，把神职人员变为官吏。在列斯科夫的长篇小说《三执事》中，骗子捷尔莫谢索夫很好地表达出这种政策的实质："宗教作为一种管理方式才被容许。一旦信仰要变成严肃的信仰，它就是有害的，要挑出来拔掉。"（第2部第10章）米留可夫在《俄国文化史概要》中所讲述的修道士瓦尔纳瓦被立为主教一事，是主教院的主教们昧着良心服从政权机关的要求、"谦卑"得令人震惊的例子。米留可夫写道，高级（黑品）

神职人员服从最高政权及其代表——主教院总监的情况，在延续波别多诺斯采夫传统的萨布列尔任上甚至加重了。拉斯普廷的亲信、修道士瓦尔纳瓦被大不敬地封为主教，是这种受制时期十分典型的一幕。直接参与者、都主教安东尼·赫拉波维茨基在1911年8月11日给都主教弗拉维安的私人信件中讲述了这一经过："笔已在润，国君明天就要签署委任状，任命修士大司祭瓦尔纳瓦为卡尔戈波尔主教；受品礼在莫斯科举行。这是怎样发生的？是这样。弗拉·卡·萨布列尔说，国君想让此人当主教。成德者德米特里说：'往后也不得不给拉斯普廷授神品了。'我本想解释这种想法多有不便；弗·卡·萨布列尔从公文包里取出一份给皇上的辞呈，说一旦被主教院驳回，他就认为自己不胜任在国君和主教院之间调停，要把这件差事让给别人。我于是代表主教们说：'为了把您留在这个位子上，我们连黑阉猪也能封为主教，就不能派他去比斯克，在托木斯克受封吗。'我们在8月8日晚上秘密地聚集在成德者谢尔吉那里，在叹了不少气之后，决定两害相权取其轻。"（第2卷第1部，第183页）

在为可称为"官方"教会的卑微处境黯然神伤时人们需要记住，在俄国深处依然保留着真正的基督教会，它在那些住在僻静的修道院里受人民崇敬的修行者身上，尤其在长老们身上，成千上万名来自各阶层的俄罗斯人去他们那里寻求教导和安慰。对长老如何行事的艺术刻画借陀思妥耶夫斯基的长篇小说《卡拉马佐夫兄弟》传遍世界，书中给出佐西马长老的形象。

从谢尔吉·切特韦里科夫神父的《奥普塔修道院》一书中能够获得确有其人的长老们的情况。[1]

神职人员因受特殊的宗教书刊检查制度约束而不能研究社会基督教理念，世俗之人却对这个问题做过许多研究。斯拉夫派[2]分子霍米亚科夫和康·阿克萨柯夫是这一理念的拥护者，在尼古拉一世掌权时设法加以表达和传播。社会基督教学说在弗·索洛维约夫的作品中，尤其在《善的证明》中，以及在谢·尼·布尔加科夫和尼·亚·别尔嘉耶夫的作品中得到多方面研究。

---

[1] 另可参看：Karsavin L. *Starzen*; Smolitsch Igor. *Leben und Lehre der Starzen*.
[2] 斯拉夫派，产生于19世纪40年代的俄罗斯，代表保守的贵族地主阶级利益，认为俄国有独特的历史发展道路，反对彼得大帝推行的向西欧学习的改革。——编者注

霍米亚科夫(1804—1860)，俄国宗教哲学家、作家，斯拉夫派创始人之一。他擅长雄辩，赞成废除农奴制和死刑，主张实行言论自由

同样不应忘记俄国曾参与尝试把基督教原则用于国际关系。回想一下俄国在亚历山大一世时期参加神圣同盟，沙皇尼古拉二世在19世纪末建议成立国际法庭，不用战争而用法庭解决国家间争议。弗·索洛维约夫表达出民族正常彼此相待的最出色思想：他把耶稣基督的诫命"爱邻人如同爱自己"用于民族彼此相待——"爱其他各民族如同爱本民族"。

关于19世纪下半叶的俄国知识分子，有人说他们最具无神论。这不是真的：他们确实离开教会最远，但这并不意味着，他们是无神论的。脱离教会部分是由一种错误的思想所决定的，以为基督教的教义内容与科学世界观无法调和，但对教会冷淡的原因在更大程度上是政府限制宗教生活自由发展的荒唐政策。我从格奥尔吉·弗洛罗夫斯基神父的佳作《俄罗斯宗教哲学之路》一书中举一个例子："莫斯科的 М. Д. 穆列托夫教授批驳勒南的杰出著作没有被书刊检查员通过，因为为了批驳就需要'表述'所批驳的'异端邪说'，这就让人觉得'不可靠'了。人们暗中悄悄地阅读勒南的著作，而反对勒南的著作的出版却推迟了

15年。这给人的印象是：正是由于无力维护才去禁止。"①

离开教会的有文化的人失去基督教的神的国理念，他们中的许多人却保留着对完美的善的追求，为我们有罪的尘世生活的不公义感到痛苦。例如，这种情绪表现在探索社会公正上。俄国社会生活的典型现象是米海洛夫斯基用"忏悔的贵族"所称的和拉甫罗夫用必须偿还"欠人民的债"思想所表达的内容。陀思妥耶夫斯基很好地反映出身为社会特权阶级的俄罗斯人的这种情绪。他在《作家日记》中写道，任何时候都不能理解这样一种制度，在这种制度下十分之一的人享有许多生活福利，十分之九的人却被剥夺了这种福利。

甚至在大资产阶级当中、在富有的企业主和商人中也有这种情绪，具体表现是他们似乎为财富感到羞耻，并理所当然地认为，把所有权称为"神圣的"是大不敬。他们中有许多慈善家和捐赠者，为各种社会设施捐出大笔款项。例如，回想一下特列季亚科夫家族、莫罗佐夫家族，马蒙托夫、沙尼亚夫斯基、谢列布里亚科夫、休金、里亚布申斯基家族等。也有

---

① 〔俄〕弗洛罗夫斯基：《俄罗斯宗教哲学之路》，吴安迪等译，上海人民出版社2006年版，第487页。——译者注

正教徒在告解。告解是天主教、正教七件圣事之一，教徒向神职人员告知所犯罪过，并立志改正

一些富有的企业主把钱捐给反抗资本主义的革命者。

曾任莫斯科市长的尼·伊·阿斯特罗夫讲过科贝林斯基-埃利斯①对其兄长帕维尔·伊万诺维奇·阿斯特罗夫的评价。帕·伊·阿斯特罗夫是莫斯科地方法院成员，他的理想是和解三种原则——整体的宗教性、社会的和平与人道演化以及创造性的文化。有一次他同安德烈·别雷和科贝林斯基走在路上时说道："我们将来的理想是有文化的义人和未来圣徒的形象。"②

我举一个有文化的义人的例子。此人是国民小学教师维亚切斯拉夫·雅科夫列维奇·阿弗拉莫夫，也是科斯特罗马省的地主。他在矿业学院受过高等教育，却决定把毕生心血奉献给下层人民的启蒙，而不是工程事业。他在彼得堡沃尔科沃墓地附近的国民小学当了一名教师。他教的语文课甚至算术课都有点像文艺演出。整个彼得堡的教育工作者都到他的学校里来学习他的讲课艺术。他在年轻时爱上一位姑娘，姑娘想要受高等教育，并为此想要去瑞士。父母不允许她

---

① 从安德烈·别雷的回忆录中可知科贝林斯基-埃利斯是何许人也。
② Астров Н.И. *Воспоминания*. С.220.

去。她对维亚切斯拉夫·雅科夫列维奇没有感情，却和他办了假结婚（这种情况在那个年代很常见），当即去了国外。阿弗拉莫夫就这样打了一辈子光棍。他变卖自己的田产，用赚的钱在科斯特罗马省办了几所地方自治局国民小学。

在成为无神论者的俄国革命者身上，代替基督教宗教性出现的是可称之为形式上的宗教性的情绪，即热烈地、狂热地渴望实现某种在尘世的、没有上帝的、在科学认识基础上的神的国。谢·尼·布尔加科夫就俄国知识分子的这一特点写了一系列文章，并把它们收入《两座城》文集。他写道，政府的迫害在革命知识分子身上引起"殉道与宣信的自我感觉"，被迫脱离现实则产生出"想入非非和乌托邦主义，总之是现实感不够"（第180页）。布尔加科夫在任第二届国家杜马代表时观察过它的政治活动，写道："我清楚地看到，这些人实际上离政治这种日常琐碎的、对国家机器进行修理和抹油的工作有多么远。不，这不是政治家的心理，不是精于计算的现实主义者和循序渐进者的心理，而是人们不能忍耐的急躁，他们盼望实现在尘世的神的国、新的耶路撒冷，并且几乎就在明天。不由得回想起再洗礼派和中世纪其他许多公社教派信徒，启示论者和锡利亚派，他们盼望基督的千年王国尽快来临，用剑、人民起义、公社实验、农民战

第一章 俄罗斯人的宗教性

争等为它扫清道路；回想起莱顿的约翰和他的一帮先知在明斯特。"（第135页）

布尔加科夫接下来表示，热烈地渴望实现尘世的没有上帝的因而也没有绝对之善的神的国，如何导致以人神来代替神人理念，继而导致人的鬼化，或更准确些，我会说是人的魔化。

不仅俄国作家，连仔细观察过俄罗斯人生活的外国人，也在大多数情况下指出俄罗斯人突出的宗教性。我援引几位外国人的话，其中几位的意见后面也要谈到，先简要说说他们是什么人，是怎样与俄罗斯人认识的。

法国学者勒鲁瓦-博利厄（Leroy-Beaulieu，1842—1912）完成了一项以详细而著称的关于俄国和俄罗斯人的研究。他在1872年至1881年间四次来到俄国，将成果发表在三大卷本的《沙皇的帝国和俄国人》（*L'Empire des Tsars et les Russes*，1881—1889）中。他写道，俄罗斯人民大众没有失去"与看不见的世界住户"的联系感（第3卷第1部第2章，第11页）。他在俄罗斯普通人身上找到实在感和神秘主义的独特结合，他们崇敬十字架，承认苦难和忏悔的价值（第45页）。他注意到，甚至不信教的俄罗斯人的文学作品也具有基督教的性质。勒鲁瓦-博利厄认为，俄国的独特性能够体现在实现福音精神上,即在社会生活中运用基督伦理学,不亚于在个人生活中(第3部第11章,第568页)。

英国人斯蒂芬·格雷厄姆(Stephen Graham)多次来到俄国,结识了俄国社会各阶层的人,尤其是农民。他的俄语说得很好,衣着朴素,目的是在人群中被认作俄国工人。他步行数百公里,观察从阿尔汉格尔斯克到弗拉基高加索的俄罗斯人的生活。他和朝圣者一起去修道院膜拜成德之人,一起乘俄国轮船去巴勒斯坦。他在俄国北方白海边云游时借宿在农民的木屋里。①

格雷厄姆在《玛尔塔之路与玛利亚之路》一书中写道,和英国人谈话最后谈的是体育,和法国人谈的是女人,和俄国知识分子谈的是俄罗斯,和农民谈的则是上帝与宗教(第54、72页)。俄罗斯人能一口气谈上6个小时宗教。俄罗斯理念是基督教理念;排在前面的是对受苦人的爱,怜悯,关

---

① 他写的关于俄国和俄罗斯人的书包括:*Undiscovered Russia*,1912;*With the Russian pilgrims to Jerusalem*,1913;*Changing Russia*,1913;*The way of Martha and the way of Mary*,1915;*Russia and the world*,1915;*Russia in 1916*,1917。

注个体的人（第93—96页）。俄罗斯人认为我们有限的生命不是真正的生命，物质力量也不是真实的力量（第111页）。换言之，格雷厄姆想说，俄国基督教集中在神的国和其中的绝对完善理念。他写道，东方教会走的是玛利亚之路。俄罗斯人在教会里被"真理的见证人"、从圣像上看着他的圣徒的容貌所环绕；他们身上发出变形之光；走进莫斯科圣母安息大教堂时，人就进入"另一个世界"（第201—203页）。

格雷厄姆在《不为人知的俄国》一书中对圣像前微微燃着的、给人以宁静感的小油灯赞叹有加，指出在俄国随处可见这种圣像前的油灯，不管在火车站，还是在澡堂；因此随处感觉离上帝很近。格雷厄姆写道："我爱俄罗斯，她对我来说在某种意义上胜过我的祖国。有时我觉得，我是找到睡美人的幸福王子。"（第7页）

英国人莫里斯·巴林（Maurice Baring，1874—1945）是一位诗人和记者，在哥本哈根认识了俄国公使贝肯多福伯爵一家，伯爵的妻子是文化修养很高的俄国知识分子。他从1901年起经常去伯爵一家在坦波夫省的松林田庄。日俄战争期间他在满洲里以《晨邮报》（*Morning Post*）通讯员身份待在俄军中。他在1905年至1906年期间观察过俄国革命。①

巴林住在田庄和待在军队时观察过俄罗斯人的宗教生活：斋戒、恳祷、圣像前的蜡烛、过复活节时兴高采烈。他写道，但在有文化的俄罗斯人里面，无神论者比西欧多（《俄罗斯人》，第72页）。他在《俄国的主要根源》一书中写道，俄国农民的宗教性很强，他们在一切事物中看见上帝，认为不信上帝的人不正常、不聪明（第46页）。巴林完美地翻译了普希金的诗——"我不再怀有任何愿望，我不再喜爱自己的幻想，只有心灵空虚的结果——痛苦，遗留在我的心上"②，不仅传达出诗的内容，而且传达出诗的音韵。

英国人加罗尔德·威廉姆斯（Williams）是阿里阿德娜·弗拉基米罗夫娜·特尔科娃的丈夫，借与妻子文化修养很高的一家人来往，以及住在岳父母家在沃尔霍夫河岸的田

---

① 巴林写过许多关于俄国的书，包括：*With the Russians in Manchueria*，1905；*A year in Russia*，1907；*The mainspring of Russia*，1914；*The Russian people*，1911。关于巴林的生平和创作见：Ethel Smith: *Hon. Maurice Baring*. 1938.

② 《普希金文集·抒情诗二》，冯春译，上海译文出版社1995年版，第4页。——译者注

东正教圣像。圣像是东正教传统中非常重要的一部分，指用颜料画在木板上的基督、圣母、天使等形象

庄，他很好地了解到俄国农民的性格与日常生活。他在《俄罗斯人的俄国》(Russia of the Russians)一书中讲到俄罗斯人有很高的宗教性。他写道，人们不仅从礼拜中获得审美情感，而且通过在教堂里读福音书获取宗教信念，并从圣徒传和传说中汲取这些信念。威廉姆斯知道，从20世纪初起俄国知识分子对宗教的兴趣复苏，开始回归教会。

伯纳德·佩尔斯（Pares）教授曾是伦敦大学斯拉夫研究院院长、《斯拉夫评论》(Slavonic Review)杂志编者，从1890年起多次来到俄国，不仅住在城市，而且住在农村，例如，他曾住在伊万·伊里奇·彼特龙凯维奇位于特维尔省新托尔若克县的马舒克田庄。他在《俄国》(Russia)一书中怀有爱意地谈到俄罗斯人的理想主义（第25页）。

莱特（R.Wright）在《俄罗斯人》(The Russians, 1917)一书中写道，宗教是俄国的生命基础，是它的脉搏：（俄罗斯人）关心的不是现世，而是天上的生活（第11页）。

索邦大学教授儒勒·勒格拉（Jules Legras）写了《俄罗斯人，1934》(L'âme russe)一书。

他在这本书中写道，俄罗斯人有去或者不去教堂的自由，他们是欧洲最不受约束的民族，但这个民族的特点是对崇高之物的模糊向往，就其本身而言是深刻的宗教性，比法国的更具神秘性。他写道，正教礼拜使人印象深刻（《俄罗斯人》，第167—179页）。

德国人奥纳施（K.Onasch）在《俄罗斯正教会的精神和历史》（*Geist und Geschichte der Russischen Ostkirche*，1947）一书中指出，著名新教神学家阿道夫·哈尔纳克对正教会的理解不正确，他把信仰圣事和崇敬圣像视为野蛮的表现（第8页）。奥纳施写道，俄罗斯人的生命观和宗教性的特点是出色的整体性（第7页）：其基础是热衷绝对价值和改造世界（第34页）；俄罗斯圣像见证着对尘世存在的克服（第32页）。

汉斯·冯·厄卡尔德（Eckardt）在《俄国基督教》（*Russisches Christentum*，1947）一书中把渴望摆脱暂时的物质存在、向往神的国中经过改造的生命视为俄罗斯人的宗教性的典型特征（第14页及以下）。

上述例子足以表明，就连外国人在熟悉俄国以后，也指出俄罗斯人有深刻的宗教性。我把基督教宗教性以及相关的探索绝对之善（只在神的国中实现）视为俄罗斯人的主要特点，在以下各章中将尝试解释俄罗斯人的其他一些特点，并把这些特点同这一根本的性格特征联系起来。

第二章 俄罗斯人的高级经验能力

按照许多哲学家所持有的一种认识论，"经验"一词是指眼、耳、触觉神经等感觉器官受刺激下产生的感性知觉。除此之外，有人把主体对自身的内心状态、情感和愿望的知觉也包括在经验概念下。这种经验学说从17世纪起直到现在还在近代哲学中占统治地位。它与知觉的因果性理论联系在一起。我用这个术语称以下学说，按照这种学说，对外界对象的知觉发生在对象所反射或发出的光线、空气波等物理作用在观察者感觉神经中引起生理过程并传导至大脑中枢时，这些过程是在观察者内心产生对颜色、声音等的感觉的原因（causa）。因果性理论在伽利略、霍布斯和笛卡尔的影响下产生，与物质自然界的机械性学说有关。

我在认识论中提出深刻有别的经验学说，这种认识论被我称为直觉主义。世界是有机统一的整体。其中一切存在物都彼此隐秘地联系；因此，人能够直接观察到的不仅有自身的内心状态，还有外界对象。当我看到飞翔的燕子并听到它的叫声时，我意识到的是飞翔的燕子本身和它发出的叫声本身，而不是燕子在我心中的主观形象。意识和认识的整体由两部分组成：主观方面是我的主观上的心理化学行为，即指向对象的意识行为和注意与分辨行为，客观方面则是我观察到的对象本身。这是知觉的同格性理论。伴随它的论断是，感觉器官受光线、空气波等的刺激不是产生知觉的原因。按照法国哲学家柏格森（1859—1941）提出的理论，感官刺激只是让我们的"我"不去注意大脑中的过程，而去注意外界对象本身的刺激因素、外界对象触碰我们的身体，可能对我们有益或有害。对对象的这种性质的知觉才具有实际意义。遗憾的是，柏格森并非把各种认识都看作直觉即直观对象的行为。他像康德一样把最重要的一种认识，即世界是用概念表达的系统整体的科学认识，看作我们的理智所产生的主观构造，不能给出关于活的真实存在的认识。他的直觉主义是局部的。我提出的认识论是全方位的直觉主义：各种认识方式都是我们的"我"对世界各个方面的不同种类的直观。人的"我"是和整个世界密切相关、同格化的超时间的存在物，不仅在世界的现在，而且在过去甚至未来的存在中。因此我们能直接观察到存在的一切种类和方面。

存在的种类有许多。有实在存在，也就是具有时间形式的存在；它由在时间中产生和消失的事件组成。实在存在有两种主要类型，一种是具有时空形式的物质过程，另一种是仅具有时间形式而不具空间性的心理过程（情感、愿望等）。除实在存在外还有不具备时间和空间形式的理念存在。例如，数学理念和赋予世界系统性的各种关系都是这种理念。在实在存在和理念存在之上是元逻辑存在，它既不服从同一律、矛盾律和排中律，当然也不破坏这些法则。最后，在世界存在之上是神性存在。所有这些种类的存在都可以成为直观即直觉的对象。"经验"一词应该指对对象的一切直观。①从上面所说可以看出，有许多不同种类的经验，许多种类的直觉：有感性直觉，也就是我们对物体的颜色、声音、硬度等属性的直观；有我们对自己和旁人的内心状态的非感性知觉；有理智直觉，也就是对世界的理念方面，如数学理念的直观；神秘直觉是对元逻辑存在的直观；宗教经

---

① 直观，在哲学史上有不同的含义。在辩证唯物主义著作中，"直观"一词的含义通常与感性认识同义，指人们在实践中对客观事物的生动的、具体的和直接的反映。——编者注

俄罗斯画家涅斯捷罗夫（1862—1942）的画作《哲学家》，右为谢尔吉·布尔加科夫神父，左为帕维尔·弗洛连斯基神父

验是与主上帝"相遇"。最后,还有价值经验,也就是我们对存在的道德、美学等价值的直观。

直觉主义是经验主义即关于认识建立在经验基础上的学说中的一种。直觉主义可称为普遍的经验主义,因为按照这种学说,各种存在都在经验中给出,因此有许多种类的经验。①

俄罗斯人在高级形式的经验能力方面得天独厚,这些形式的经验比感性经验更重要。我们从最高的经验种类,即宗教经验来看这一特点。正教的宗教性与神秘主义的宗教经验密切相关。东方教父神学具有神秘主义的直观性。②

整个正教礼拜和全部崇拜都具有这种神秘性,因为从中感受到接近上帝而赢得俄罗斯人喜爱。俄语书刊中有对与上帝"相遇"的精彩描写。例如,我们在谢·布尔加科夫神

---

① 笔者谈认识论问题的著作包括:《论证直觉主义》《逻辑学》《感性的、理智的和神秘的直觉》。另可参看笔者的文章:《真理的绝对标准》(*The Absolute Criterion of Truth//Review of Metaphysics*, June 1949)和《关于超感性知觉……》(*Extrasensory Perception and Psychokinesis//Journal of Society of Psychical Research*, November 1952)。

② 例如,参看弗·洛斯基的《东方教会神秘神学》一书。

父的《不夜之光》和《雅各的梯子（论天使）》中，以及在叶·特鲁别茨科伊公爵的《回忆录》中可以找到这些描写。正教圣徒的神秘经验无疑十分精彩，这一点从萨罗夫的圣谢拉菲姆的生平以及修士司祭索福罗尼的《长老西拉》一书中的暗示看得出来，但在俄语书刊中却没有对此详细而精彩的描写，例如像天主教书刊中关于西班牙的圣特雷萨的讲述。看来，正教忏悔神父没有要求教民把描写宗教经验当作一门功课。

宗教经验能力在俄国农民身上表现为他们感知大自然的积极角度，把大自然作为神的创造。例如，这种情况反映在一个未受过教育的普通农民的《朝圣者向忏悔神父的告白》（巴黎基督教青年会版）一书中。

道德经验的高度发达体现在各阶层的俄罗斯人中，具体表现为对识别善恶的特殊兴趣，能敏锐地看出善里面掺杂的恶。俄国文学自普希金和莱蒙托夫开始，延续至托尔斯泰、陀思妥耶夫斯基、迦尔洵和契诃夫，都是这一事实的鲜活证明。对伦理学问题的专注以同样的力度表现在俄国哲学中。这一点从瓦西里·津科夫斯基神父的《俄国哲学史》和我的《俄国哲学史》中看得出来。

俄罗斯人由于自身性格的一些特点而经常犯错，后面会

俄罗斯画家列宾（1844—1930）于1887年创作的油画《列夫·托尔斯泰肖像》，描绘了处在读书间歇的列夫·托尔斯泰，其内心似乎充满了思索和疑问

第二章 俄罗斯人的高级经验能力

谈到这些特点。但他通常迟早会明白自己做了错事,并为此感到后悔。在犯了严重的罪行后,他有时当众忏悔。陀思妥耶夫斯基多次谈到这一现象。谢德林在《外省散记》的《朝圣者、香客和过路旅人》一章中讲述同一位朝圣者的谈话,后者告诉他一个曾经的强盗躲藏在林中隐庐里的故事。谢德林问:"嗯,也许他只是为了躲避惩罚吧?"朝圣者答:"强盗该受惩罚,这是人人都晓得的;不过,如若一个人自个儿痛感前非,那么,上断头台也未必抵得上他自个儿对自个儿的折磨和惩罚。惩罚救不了人,老爷,只有他自个儿的决心才能使他得救。"[1]

艺术创作所必需的美的经验在俄罗斯人身上同样高度发达。本书专门有一章来谈这个问题。

敏锐感知旁人的内心状态属于俄罗斯人尤其重要的特点之列。由此产生出甚至不怎么熟悉的人彼此间的生动交往。舒巴特写道:"俄罗斯人感受世界不是从'我',也不是从'你',而是从'我们'出发。"他引用凯泽林克伯爵

---

[1] 〔俄〕萨尔蒂科夫-谢德林:《外省散记》,许庆道译,上海译文出版社1991年版,第168页。——译者注

《旅行者日记》一书中关于俄罗斯人所说的话："他们是所有欧洲人中唯一与邻人内心有直接关系的人。"因此在俄罗斯人当中很容易交上朋友:"一小时后他们好像认识了一辈子。"舒巴特写道:"彼此称呼不用爵位和名号,而叫名字和父名,这种习俗多么友爱。这是真正的内在民主精神的标志。"(《欧洲与东方的心灵》,第76页)

凯泽林克所指出的"与邻人内心有直接关系"使得个人和家庭交往在俄罗斯人那里高度发达。在俄国看不到社会关系对个体关系的过度取代,也没有个人和家庭的孤立主义。[1] 因此,就连外国人来到俄国后也感到:"我在这里不孤单。"这一特点也正是承认俄罗斯人有魅力的主要来源,熟悉俄国的外国人经常指出这一点。

对旁人内心的生动感知还表现在俄罗斯人的以下特点上。英国人和人交谈,尤其美国人和人交谈时,在发音有极小的错误的情况下便不理解对方的话,因为他们的注意力集中在话语的外在方面即声音上。相反,俄罗斯人甚至在发音

---

[1] 参看笔者的《工业主义、共产主义与个性丧失》一文,载《新城》刊物,第11辑。

有很大缺陷的情况下通常也能理解对方；这是因为，他把注意力一下子放在话语的内在方面即意义上，直接地、也就是直觉地捕捉到它。

洞察内心深处尤其反映在列夫·托尔斯泰和陀思妥耶夫斯基这种天才艺术家的创作中。在哲学中关于内心直接一致的学说在谢·特鲁别茨科伊公爵的共同意识理论、洛斯基的直觉主义以及帕·弗洛连斯基神父、谢·布尔加科夫神父、别尔嘉耶夫和谢·弗兰克的作品中有所体现。心灵对旁人的"我"开放为以下思想做了铺垫，即外界对象本身进入我的意识，而不是其主观复制、象征，等等。因此在俄国哲学中盛行不同种类和程度的直觉主义，也就是关于认识主体对外部世界的直接感知的学说。[1]

弗兰克在《俄罗斯人的世界观》小册子中写道，实证主义、怀疑主义和不可知论"与俄罗斯精神格格不入"（第29页）。

---

[1] 关于这一点，参看埃·列·拉德洛夫《斯拉夫派的认识论》一文，载1916年2月《国民教育部杂志》；另可参看笔者的《俄国哲学史》一书（*History of Russian Philosophy*, Chap. 27. P.403）。

与探索绝对之善密切相关的宗教性激起对生命意义问题的思考。弗兰克写道，俄罗斯人固有"对生命的宗教情绪思考"（《俄罗斯人的世界观》，第6页）。对生命意义问题的兴趣必然导致哲学思考和尝试构建整体的世界观。这一特征是俄罗斯人十分典型的特点。陀思妥耶夫斯基用伊万·卡拉马佐夫的名义写道，俄罗斯男孩刚一认识，就坐到臭烘烘的小酒馆角落里，立刻开始议论"世界性问题：有没有上帝？有没有灵魂不灭？那些不信上帝的便议论社会主义、无政府主义，议论按新的模式改造全人类。其实还不是一回事？还是那些老问题，只不过是另一种提法"[1]。屠格涅夫在《回忆录》中讲到别林斯基："他有一次痛苦地责备我说，'我们还没有解决关于上帝的存在问题，您却想要吃饭'。"也有观点认为，说这番话是在两人经过彻夜长谈、天亮后精疲力竭打算分手时。尼·康·米海洛夫斯基针对别林斯基写道：热烈探索真理和公义是俄罗斯人的典型特点（见《门外汉笔记》中《蒲鲁东和别林斯基》一文）。古典

---

[1]〔俄〕陀思妥耶夫斯基：《卡拉马佐夫兄弟》，荣如德译，上海译文出版社1998年版，第285页。——译者注

中学高年级学生和大学生在19世纪下半叶成立自修小组,立志在开始社会和革命活动以前形成"世界观"[①]。

文学作品中对生命意义和存在原则的哲学探索在列夫·托尔斯泰的《安娜·卡列尼娜》(列文)和《战争与和平》(安德烈·保尔康斯基公爵和皮埃尔·别祖霍夫)中得到出色刻画。托尔斯泰的整个一生和全部创作都贡献给这两个问题,陀思妥耶夫斯基的一生和创作同样如此。契诃夫在中篇小说《乏味的故事》中表示出,人找不到生命的意义、形成不了满意的世界观,就会在精神上枯萎。伊万·卡拉马佐夫的痛苦——怀疑有绝对之善并恭敬地向上帝退还"门票",不愿意生活在充满各种可怕的恶的世界——不仅存在于陀思妥耶夫斯基的创作想象中,据他亲口承认,他自己也经历过这种怀疑的历练,一般的宗教否定者"做梦也想不到"。费·奥·斯捷蓬在回忆母亲的一生时,很好地描写出这种痛苦:她看到世上的恶,想到,上帝要么是全能的,但

[①] 关于这一点,可参看奥·瓦·阿普捷克曼《革命民粹派史料(70年代的土地和自由社)》一书,第30页及以下。

不是善的存在，要么是善的、爱的，但不是全能的存在。[1]

不仅有文化的人，俄罗斯普通人也喜欢讨论世界观基础上的问题：上帝和生命意义问题。别尔嘉耶夫讲述了发生在莫斯科一家被称为"雅玛"的小酒馆里的宗教哲学谈话。[2]夏天有成千上万名教派信徒和正教徒来到与基特日城传说有关的斯韦特雷亚尔湖畔，在容易产生宗教经验的独特环境下讨论世界观基本问题。梅列日科夫斯基和季娜伊达·吉皮乌斯去过斯韦特雷亚尔湖，在他们的《新路》杂志上讲述看到的情况。

酒馆是俄罗斯普通人聚在一起讨论困扰他们的问题的特殊俱乐部。伊·加·普雷若夫（1827—1885）写了《俄国酒馆史话》一书。我在耶鲁大学藏书丰富的图书馆里找到这位好人1913年再版的该书。当我看到书里面只有开办酒馆的法律方面的内容而没有关于日常生活的记载时，不禁大失所望。普雷若夫销毁了这本书的第二卷和第三卷。他写道：

---

[1] Stepun F. Vergangenes und Unvergängliches. Bd. 3. S. 217—254.
[2]〔俄〕别尔嘉耶夫：《俄罗斯理念》，张百春译，北京大学出版社2024年版，第259页。——译者注

库斯托季耶夫的作品《莫斯科小酒馆》，反映了普通人在酒馆聚会聊天的场景

"在这两卷书中描写了这些民间俱乐部的现实生活。现在出版这种书等于告百姓的密,等于夺走他们出于苦闷而前往的最后归所,于是我烧毁了这两卷书。"(第4页)

哲学上研究的世界观中心应该是形而上学。为顺利研究这门科学必须具备相当高程度的经验能力,即思辨能力,也就是针对世界理念原则的理智直觉,"理念"一词是指柏拉图哲学意义上的理念。俄罗斯人具备很高程度的思辨能力,这一点从俄国哲学史中看得出来。

探索绝对之善和生命意义在俄罗斯文化中的反映是,宗教哲学在俄国思想史上占十分重要的位置。斯拉夫派创始人基列耶夫斯基和霍米亚科夫为独特的宗教哲学思考按下了开关。

弗·索洛维约夫实现了他们所拟定的哲学纲领,为许多思想家积极研究宗教哲学问题打下开端。索洛维约夫事业的继承者包括:谢尔盖·特鲁别茨科伊公爵和叶夫根尼·特鲁别茨科伊公爵、帕维尔·弗洛连斯基神父、谢尔吉·布尔加科夫神父、别尔嘉耶夫、埃恩、尼·洛斯基、谢·阿·阿列克谢耶夫(阿斯科尔多夫)、谢·路·弗兰克、维亚切斯拉夫·伊万诺夫、梅列日科夫斯基、卡尔萨文、伊·亚·伊里因、瓦西里·津科夫斯基神父、格奥尔吉·弗洛罗夫斯基神父、弗·尼·伊里因、弗·希尔卡尔斯基、诺夫哥罗采夫、维舍斯拉夫采夫、斯佩克托尔斯基。这份名单是宗教哲学研究在俄国思想史上占统治地位的有力证明。

考虑到俄国思想家在最近100年来所显露的高超哲学能力，人们不得不惊讶地提出一个问题：哲学发展为何在俄国开始得这样迟，在19世纪才开始。历史学家倘若研究俄罗斯人生活的这一方面，日后会给出对这一问题的答案。我仅指出一点，俄罗斯人在探索绝对之善和生命意义的过程中，大概在几个世纪以来都满足于基督教，尤其俄罗斯正教礼拜在摆放着圣像、感受到与上帝和神的国的直接联系的正教教堂环境下给出的答案。在宗教中获得的对绝对之善问题的答案具有表现在具体形式，也就是充满血肉的生命形式中的真理性质。这样的答案高于哲学，因为哲学给出的只是抽象形式的认识。具体的答案具有艺术固有的特点，也就是艺术的形式。艺术凭借具体性比哲学更完美地表达真理。基督教尤其正教崇拜所给出的具体走进真理王国，在自身中包含比哲学更圆满的有关真理问题的答案。因此可以理解，叶·特鲁别茨科伊公爵在概括正教圣像的特点时能写出《色彩的思辨》这本小书。

但毫无疑问，社会各阶层的俄罗斯人在俄国各个历史时期都在彼此进行关于善、生命意义和上帝的哲学谈话，但他们却没有使这种哲学思考达到系统性的构建，这种构建自然导致著书立说的意愿。俄罗斯人一般出于自身性格的特点，尤其因为在以后章节中将要谈到的"奥勃洛摩夫性格"，经常不去研究自己的甚至颇具价值和独特性的思想火花。伊·基列耶夫斯基的生活特点可以作为例子。

只有在彼得大帝急速使俄国欧化以及融入西方文化导致日常生活中的正教被破坏以后，俄罗斯人才产生出对哲学的需要，哲学在一些著作家那里为论证传统的宗教性服务，在另一些人那里成为宗教性的替代品，在某些著作家那里甚至被用来反对宗教性。既然俄罗斯人一般固有对绝对之善和生命意义的探索，那么他们的这一特点也应该在俄国哲学的内容中有所反映。事实上，别尔嘉耶夫指出，哲学在俄国被唤醒，伴随着对历史哲学问题进而是生命意义问题的重大关切。[1]恰达耶夫、伊·基列耶夫斯基、霍米亚科夫、尼·雅·丹尼列夫斯基、弗·索洛维约夫、别尔嘉耶夫和

---

[1]〔俄〕别尔嘉耶夫：《俄罗斯理念》，张百春译，北京大学出版社2024年版，第43—44页。——译者注

宗教行列是举着十字架、圣像和神幡的宗教游行，这是俄罗斯的宗教习俗。在19世纪的群众性宗教行列中，俄罗斯社会各个阶层和各种身份的人都会参与其中

伊·亚·伊里因都对上述问题着迷。斯拉夫派与西方派①的争论被俄国其他哲学学派和社会思想中的类似争论所取代,一直延续至今。

以上列举的俄罗斯人的各种高级形式的经验能力——宗教经验、道德经验、美的经验、感知旁人内心、理智直觉(思辨)——都与俄罗斯人探索绝对之善,并因而与俄罗斯人的宗教性有关。

---

① 西方派,产生于19世纪四五十年代的俄罗斯的一个政治思想派别,与斯拉夫派相反,该派力主走西欧的资本主义道路。其成员大多为出身贵族地主家庭的青年知识分子。——编者注

第三章

情感与意志

意志过程从想要、意愿、向往和对某物的追求开始，它对我们来说有价值。我们想要掌握已经存在的积极价值，或是创造有积极价值的某物，或者消除某种消极的价值，或是逃避它。由此可以看出，我们的一切表现和行为都不仅与我们对存在的态度，而且与对存在的价值的态度有关。因此尤其重要的是要弄清，我们是否具有关于价值的认识，或至少，我们有没有自觉和不自觉的对存在价值的感受。倘若我们不具备领会价值的器官，或者根本与存在的价值无关，我们的表现就会变得不可思议。哲学家马克斯·舍勒（1874—1928）所提出的情感理论给出对这一问题的积极解决方案。

按舍勒所说，我们有专门的器官与价值相关，即情感。根据他的理论，情感是一种指向对象客观价值的主观心理状态。这就是说，对象的客观价值进入我们的意识，或不加分辨地融入我们的"我"，仿佛披上我们的独特主观感受的外衣，即情感。舍勒称他的理论为"情绪直觉主义"。他想用"直觉主义"这一术语强调以下思想，即我们借情感相关联的不是价值的主观表象，而是对象的客观价值本身。舍勒用直觉主义的价值认识学说从根本上补充了我的关于外部世界的认识是一种直觉的学说，也就是关于我们直观原本的现实存在本身的学说（舍勒知道我的《论证直觉主义》德译本）。

一切存在都有积极或消极的价值。[①] 存在的种类和属性有无穷多，因此也有无穷多的各种存在的价值，以及相应的无穷多的各种情感。可以举几个例子表示出情感领域的丰富多样。这里包括各种愉快和不愉快，各种恐惧，例如恐怖和惊悚，各种勇敢，不同程度的愤怒、忧伤、喜悦、兴奋，虔诚、感动、信任，以及包含在权力欲、嫉妒和虚荣等方面的情感。

应该把人的"我"本身的纯内心或精神状态的情感与情

---

① 参看笔者的《价值与存在：上帝和上帝之国是价值的基础》一书（Lossky N., Marshall. *Value and Existence. God and the Kingdom of God as the Foundation of Values*）。

绪和激动区别开来。有时在情感之后会出现身体——心跳、呼吸和血液循环等变化的波动,这种波动给出许多难以区分的感觉。我姑且把这些状态的总和称为情绪,在它们特别强烈时则称为激动。可以举恐惧情绪为例,在一些典型情况下,这种情绪包含目瞪口呆、屏住呼吸、全身蜷缩倒地、心跳加速、血管收缩、冒冷汗、打哆嗦、汗毛直立等。这些身体反应中有许多行为在人类祖先和动物的原始生活中是有益的(例如,受惊吓时汗毛直立,愤怒时攥拳和咬牙),但在文明人的生活中却失去意义。①

意志过程一贯指向存在的价值,同价值的关联一贯与情感,甚至经常与情绪和激动联系在一起。因此在谈到俄罗斯人的意志特点时,需要同时来谈他们的情感。强大的意志力属于俄罗斯人的原初主要特点之列。由此可以理解许多俄罗斯人的狂热性。狂热是指向喜爱或仇恨的价值的强烈情感和意志紧张的结合。价值越高,它在具有强大意志的人身上引

---

① 参看笔者的《人的"我"的心理学和人的身体的心理学》一文,载《贝尔格莱德俄国科学研究院集刊》(1939年第17辑),以及笔者的《从唯意志论角度看心理学主要学说》一书(第七章)。

起的情感就越强烈，活动也就越积极。由此可以理解俄罗斯人在政治生活中表现出来的狂热性，以及在宗教生活中表现出来的更大的狂热性。极端主义、过激主义与绝不宽容是这种狂热性的产物。

首先来认识一下俄罗斯人的狂热性的群体表现。旧礼仪派[①]运动史是宗教生活中极端狂热和绝不宽容的鲜明例子。数以万计的旧礼仪派信徒自焚是宗教狂热的令人震惊的表现。这一现象在穆索尔斯基的歌剧《霍万斯基党人之乱》中得到艺术刻画。狂热主义更为可怕的后果是发生在19世纪末的自埋于地下，并因而异常痛苦的死亡事件。罗赞诺夫在《黑面》中描写了这种恐怖情景。

在俄国的政治生活中有相当多的狂热性和强大意志的群体表现。例如，在莫斯科公国险些屈服于波兰和瑞典的混乱时期，波兰国王齐格蒙特包围了斯摩棱斯克。斯摩棱斯克居民担心被外族统治以及波兰国王扶植天主教，对敌人进行殊死抵抗。8万居民中只有8 000人活下来；我们在谢·米·索

[①] 旧礼仪派，17世纪俄罗斯东正教改革时分裂出来的教派，又称"旧信徒派"，该派反对尼康的改革，主张保持宗教旧礼仪。——编者注

俄罗斯人的性格
Характер русского народа

洛维约夫的《俄国史》（第8卷第7章）中读到，他们"把自己锁在圣母教堂，点燃地下室的火药，被炸上天"。俄国士兵在打仗时的忘我精神人所共知。苏沃洛夫翻越阿尔卑斯山时需要把大炮运过壕沟，士兵情愿躺进沟里，让人把大炮从他们的身体上运过去。

俄国革命运动不乏政治狂热性和强大意志力的例子。在克拉夫钦斯基-斯捷普尼亚克的《地下俄国》一书中对索菲娅·佩罗夫斯卡娅等人的惊人性格力量作出生动刻画。阿尔丹诺夫在长篇小说《根源》中的描述使读者对恐怖活动的肆意心有余悸，并了解到许多革命者的超人意志力。

甚至一些意义不大的价值，例如积累财产，在意志强大的人那里也会成为吞噬一切的狂热对象。历史上，在俄国商人阶层能够找到把人的整个一生置于发财目的下的例子。这种狂热由于与另一种狂热——权力欲——自然结合在一起而变得威力巨大：财富使人能对许多人发号施令，能轻易满足自己在现实中或想象中的愿望，如在普希金的《悭吝骑士》中所描写的那样。这两种狂热的结合表现为在商人阶层的日常生活中经常碰到的可悲现象——任性胡闹和家庭专制。奥斯特罗夫斯基的喜剧和悲喜剧生动地刻画出俄罗斯人生活的这一消极方面。

俄罗斯画家苏里科夫（1848—1916）的画作《苏沃洛夫越过阿尔卑斯山》，描绘了俄国军事家苏沃洛夫1799年率兵翻越阿尔卑斯山的情景

我们在哥萨克人身上能找到俄罗斯人意志力的独特表现，带有哥萨克典型的豪迈与奔放。因此可以理解，西伯利亚哥萨克的儿子、画家苏里科夫将其才华主要贡献给刻画俄罗斯人钢铁般的顽强意志，这种意志既表现在建设和保卫国家方面（《彼得大帝》《征服西伯利亚》《苏沃洛夫越过阿尔卑斯山》），也表现在同国家作斗争和捍卫自己的精神生活自由方面（《女贵族莫罗佐娃》），以及遭遇戏剧性的情境时（《近卫军临刑前的早晨》《缅希科夫在西伯利亚》）。①

博博雷金在长篇小说《瓦西里·焦尔金》中写道，焦尔金在看到雄壮的三驾马车时感受到"纯俄罗斯人的豪迈与奔放"。关于这一点，果戈理在《死魂灵》中动人地写道："又有哪一个俄罗斯人不喜爱驱车疾驰呢？俄罗斯人的心灵渴望陶醉，渴望放纵地玩乐一下，有时还爱说上一句：'让一切都给鬼抓了去！'——这样的俄罗斯人的心灵怎么能够不喜爱驱车疾驰呢？……哦，三驾马车！鸟儿般的三驾马车，是谁发明了你的？大概只有在一个大胆活泼的民族手里

---

① 参看伊·叶夫多基莫夫的专著《苏里科夫》。

俄罗斯画家苏里科夫的画作《近卫军临刑前的早晨》，描绘了1698年近卫军兵变失败后，在莫斯科皇宫广场上被处决的情景

方才可能产生出你来，只有在景色庄重、横卧半个世界的平旷的国土上，方才可能产生出你来……俄罗斯，你不也就在飞驰，像一辆大胆的、谁也追赶不上的三驾马车一样？……俄罗斯，你究竟飞到哪里去？给一个答复吧。"[1]

俄罗斯人的极端主义和过激主义的极端形式表现在阿·康·托尔斯泰的诗中：

要爱，就不要理智，
要吓，就别开玩笑，
要骂，就劈头盖脸，
要说，就直截了当！

要争，就放开胆量，
要罚，就正经八百，
要原谅，就全心全意，
要喝酒，就痛痛快快！

---

[1]〔俄〕果戈理：《死魂灵》，满涛、许庆道译，人民文学出版社1983年版，第311、312页。——译者注

第三章 情感与意志

俄罗斯人的意志力、极端主义和过激主义在单个人身上的表现不胜枚举。我举出其中几例。大司铎阿瓦库姆在《传记》中讲到，他为一个姑娘办告解，这个姑娘"行为有失检点"；他"自己也被邪恶之火燃烧"，于是点燃3根蜡烛，把右手放到火焰上，"直到邪念消失"。彼得大帝的整个一生都是强大的意志力和过激主义的典范。斯坦凯维奇观察到别林斯基的狂热劲头，称他为"不顾一切的维萨里昂"，这个绰号一直跟着他。屠格涅夫谈到他"对真理孜孜以求"。[①]俄罗斯人因思想分歧能达到绝不宽容的地步，康·阿克萨柯夫和别林斯基的交往史可以为例。阿克萨柯夫与斯拉夫派接近后，在同别林斯基见面时表示，由于他们的分歧不能再来看望他；这次断交对双方来说都很沉重；他们含着泪亲吻了一下，永远地分开了。别林斯基本人在谈到自己绝不宽容时说，"我天性是犹太人"，不能与"腓力斯丁人"[②]和解。

---

① 参看：*Белинский в воспоминаниях современников.* Под ред. Головенченко. ОГИЗ., С.344.
② 腓力斯丁人是居住在地中海东南沿岸的古代居民，曾与以色列人长期作战。——编者注

俄罗斯人的性格
Характер русского народа

米哈伊尔·巴枯宁的过激主义和叛逆精神世人皆知，在书刊中得到很好的阐释。弗拉基米尔·斯塔索夫的这些特点较少被人知道。这些是俄罗斯人典型的特点，因此有必要利用弗·卡列宁的《弗拉基米尔·斯塔索夫》一书（1927年列宁格勒版）来认识一下。弗拉基米尔·瓦西里耶维奇·斯塔索夫（1824—1906）为俄罗斯艺术各领域，尤其音乐领域立下汗马功劳。他的生活准则是："既然不能生为创作者，就要对别人有益处"（第1卷，第208页）。事实上，他具备渊博的知识并且在公共图书馆任职，为许多艺术活动家和整个俄国文化立下汗马功劳。他视格林卡为天才，写了48篇关于格林卡的文章，讲解其创作的伟大。他对俄罗斯民族音乐风格着迷，称巴拉基列夫、穆索尔斯基、居伊、里姆斯基-柯萨科夫、鲍罗丁等作曲家为"强力集团"，为他们提供极大的帮助。他为穆索尔斯基提供了《霍万斯基党人之乱》和《鲍里斯·戈东诺夫》的情节，为鲍罗丁提供了《伊戈尔王》的情节。他还为作曲家指点熟悉相关时代所必需的历史资料。他也以同样方式参与里姆斯基-柯萨科夫的《萨德科》和《普斯科夫姑娘》的创作。他的工作能力和劳动热情都非常高。他甚至星期天也去自己在公共图书馆的办公室并在那里工作。他拒绝接受勋章和称号。大臣博哥列波夫曾请

巴枯宁（1814—1876），俄罗斯无政府主义者。1864年加入第一国际。其晚年宣传个人"绝对主义"，反对马克思主义，后被第一国际开除他出任公共图书馆馆长,他却因想要保持自由之身而未接受这一职务(第2卷,第614页)。他珍视自由如同原则,并因此维护波兰人和犹太人,看重每个民族的民族独特性(第2卷,第594页)。他称列夫·托尔斯泰为"雄狮"[1],并且一定要大写,却只看重作为艺术家的托尔斯泰,责备托尔斯泰没有克服两个壁垒——"神"和"基督教"。他对世界制度感到气愤,"亵渎神灵地诅咒世界秩序"(第2卷,第542页),到处看到杀戮。他40年都在准备一本书,想将书名定为《毁灭》、《大屠杀》(*Carnage général*)或《大杀戮》(*Massacre général*)。他打算在书里把自己表现为无政府主义者和悲观主义者,"在一切方面,而不仅在政治方面"。他认为,整个人类只有几十个或几百个合格的人,其余人只配污水坑。令他气愤的是,杂志和报纸的自由派编者行事如同政府书报检查官。他打算在自己的书里一举毁灭许多公认的天才:他不认为拉斐尔是大画家,称米开朗琪罗徒有其名(第2卷,第638—669页)。斯塔索夫在与人相处和维护自

---

[1] 托尔斯泰的名字"列夫"(Лев)在俄语里是狮子的意思。——译者注

己的意见时都表现出非常狂热的劲头。他喜欢争论——火气很大，但一贯对事情的本质着迷，不计较个人恩怨。别人给他起的外号反映出他的急脾气。他被称为"不顾一切的斯塔索夫""耶利哥城的号角""大嗓门批评家"。

谢德林也有一副急脾气。利·斯帕斯卡娅在回忆谢德林流放维亚特卡期间（1844—1855）的生活时写道："米哈伊尔·叶夫格拉福维奇不能忍受不同意见，在争论时失去一切自我控制，不能自已。他一下抓起帽子跑了出去，嘴里嘟囔着：'你们见鬼去吧！我不会再进这间倒霉的房子半步！'但过不了半小时，米哈伊尔·叶夫格拉福维奇就在门口探头探脑，不好意思地笑着问：'你们很生我的气吧？看在上帝的分儿上，别生气！原谅我吧！有这副倒霉脾气可不怪我啊。'"[1]

列夫·托尔斯泰的过度的道德主义同样可以作为俄罗斯人过激主义和极端主义的例子。艺术、科学和宗教在他关于这些问题的论著中被极度简化，只容许为道德目的服务，而

---

[1] Макашин С. *Салтыков-Щедрин. Биография*. 2-е изд. М., 1951. Т. I. С.377.

谢德林（1826—1889），俄国作家、文学评论家，其作品贴近生活，批判现实黑暗，反映社会问题，对当时俄国民主革命运动有一定影响

这些目的也由于他否定最高的精神价值,被贬低到只为帮人们吃饭、穿衣和拥有住房。托尔斯泰在个人生活中也达到惊人的极端地步。例如,季·吉皮乌斯写道:"托尔斯泰在工作时不赶走扑在他脸上的苍蝇。"①

外国人经常指出俄罗斯人的狂热性与过激主义。格雷厄姆写道:"俄罗斯人是火山,要么熄灭沉寂,要么爆发。甚至在最安静和笨拙的人的外表下,也埋藏着种族能量的筋脉,通向内心之火和人的精神秘密。"②

舒巴特也谈到"俄罗斯人的急躁"(《欧洲与东方的心灵》,第95页)。叶·亚·伊兹沃尔斯卡娅指出,克里扎尼奇在17世纪来到莫斯科公国时,观察到俄罗斯人"不能适度用力、不善于走中间道路、缺乏分寸"③。这些性格特征最初为俄罗斯人所固有。

伊·亚·伊里因提示道,拜占庭和阿拉伯著作家曾指出俄罗斯人的狂热性与爱好自由。伊里因本人也谈到俄罗斯人

---

① Гиппиус З. *Он и мы//Новый журнал*. XXV. С.165.
② Graham S. *With the Russian pilgrims to Jerusalem*. 1913. P.89.
③ Iswolsky H. *Soul of Russia*. P.63.

性格中的狂热劲头和极端特点。①

许多著作家把俄罗斯人,尤其大俄罗斯②人的性格与无边无际的东欧平原及其气候联系起来。俄国著名历史学家克柳切夫斯基写道:大俄罗斯的自然环境"经常嘲笑大俄罗斯人的最谨慎的计算:气候和土壤的任性使他们最朴素的期望成空,精于计算的大俄罗斯人在习惯这些欺骗后,喜欢轻率地作出最没有希望和不计后果的选择,用自己的胆大任性对抗大自然的任性。这种撞大运和碰运气的喜好就是大俄罗斯人所说的没准儿。大俄罗斯人只坚信一点——要珍惜夏季晴天干活的日子,大自然给他们适宜农业劳动的时间很少,大俄罗斯的短暂夏天还会因突然变天而缩短。这种情况迫使大俄罗斯农民抢活干和干活急,他们在短时间内多干活和按时抢收,之后在秋冬两季无所事事。大俄罗斯人就这样学会短时间内下猛力,养成干活快、紧、忙的习惯,而后在无所事事的秋冬两季休息。在欧洲没有哪个民族能够在短时间内如

---

① Iljin I. *Wesen und Eigenart der russischen Kultur*. 2-te Aufl. S.21—23.
② 大俄罗斯,地理概念,指从沙皇统治时代形成的俄罗斯文化核心地带,其范围涵盖了大部分现代俄罗斯领土,包括首都莫斯科和圣彼得堡。——编者注

此紧张地劳动,像大俄罗斯人所做的那样;但我们在欧洲似乎也找不到像在大俄罗斯那样不习惯于平稳、适度和均匀的经常性劳动"。"大俄罗斯人由于习惯在崎岖的道路和生活的变故中迂回曲折,经常给人以不直率、不真诚的印象。""大俄罗斯人的谚语说——额头撞不开墙,乌鸦却直接飞过。"①

人受居住地域和气候的影响不能本着地理学唯物主义来理解。按照人格主义的观点,整个世界由真实和潜在的个性组成,每个个性都是世界的原初要素,并非从其他存在物中派生出来。个性具有意志自由。因此,地域和气候只是诱因,个人自由地以其情感和行为作出回应。因此对同样一些环境条件,这一位可能用一些反应作答,那一位则可能用截然相反的反应作答,例如,在遇到严重的危险时,这一位勇敢地与之搏斗,那一位却胆怯地一跑了之。当然,对环境条件的重复性反应会形成特定的习惯,但这些影响只能帮助形成次要的、而不是主要的性格特点。例如,克柳切夫斯基是

---

① Ключевский В.О. *Курс русской истории*. Т.I. Лекция 17.

对的，他说短暂的夏天是使大俄罗斯人养成"短时间内下猛力"习惯的条件。但他接着写道，"我们在欧洲似乎也找不到像在大俄罗斯那样不习惯于平稳、适度和均匀的经常性劳动"。养成短时间内下猛力劳动的能力与气候决定的习惯有关，但这只是建立在大俄罗斯人固有的、与气候无关的强大意志力基础上的；至于说不习惯平稳、适度和经常性劳动，那么这也不是由气候所决定，而是由俄罗斯人的兴趣所决定，这些兴趣与气候无关。后面会讲到它们。

狂热性和强大的意志力可被视为属于俄罗斯人的主要特点之列。但在俄罗斯人身上也有奥勃洛摩夫性格——在冈察洛夫的长篇小说《奥勃洛摩夫》中得到出色刻画的那种懒惰和消极。这一在俄罗斯人的生活中屡屡碰到的现象是否与俄罗斯人的狂热性和意志力的论断相矛盾？那些夸大社会条件对人的性格和行为影响的人，用农奴制的恶劣影响来解释奥勃洛摩夫的懒惰。指出这个条件有一定的道理，但分量很小。懒惰和消极在俄国不仅存在于地主和受农奴制压迫的农民中，在俄国社会其他各阶层的人身上过去和现在也都存在。因此需要用比农奴制更深刻的原因来解释这类性格特征。

应该从总体上指出，懒惰是一种非常复杂、形态各异的

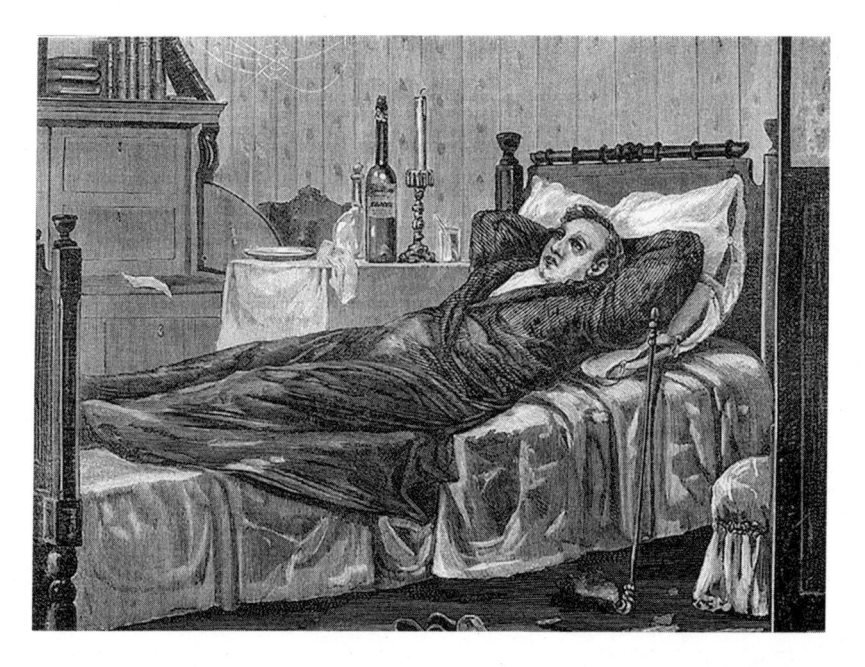

奥勃洛摩夫是俄罗斯文学的一个著名艺术典型。作为一个年轻地主，他靠领地的田租衣食无忧，终日耽于幻想，懒惰成性，躺卧是他的招牌动作

现象，在不同的人身上因各种不同的主要性格特点、身体结构和环境影响而产生。要理解这一缺陷有哪些尤其重要且意义深刻的情由，我们需弄清，在我们的行为目标和实现目标的手段之间存在何种关系。我们不是生活在神的国，而是生活在多少有些自私的存在物的堕落的国。不是上帝，而是我们用自己的自私行为一手塑造充满不完善和各种恶的自然体系，物质形体在这一自然中具有根本意义，它的出现是存在物彼此相互排斥的结果。我们自己也具有这种粗糙物质的、而不是经过改造的形体。①从我们不完善的自然结构中产生出以下使人生厌的现象：吸引我们的目标往往只在实施一系列行为后才能达到，这些行为仅是达到对我们来说重要的目标道路上的手段，本身不使我们感兴趣，也不重要，因此是枯燥的，有时甚至使人生厌。目标越高，达到目标的手段体系通常也就越复杂。

我们设想有一位自然科学家，他筹划到非洲腹地进行考察，欧洲人还没有深入那里。为实现这一构想需要筹集经

---

① 关于这一点，参看笔者的书《上帝与世界之恶》（神正论）和《绝对之善的条件》（伦理学）。

费,吸引地质学家、动物学家和植物学家,搞到合适的服装、食品和武器,雇用挑夫,等等。在忙活这些事时,有许多行为本身没有意思,甚至使人不快。只有狂热地喜欢研究世界,直至对这一目标的迷恋扩及实现它的手段的学者,才能够克服这种复杂举动的一切困难;因此这样的学者乐于做那些本身枯燥甚至使人生厌的事情。人有时候设想出一个崇高的目标,目标的价值吸引他,但这种吸引由于某种条件而未转移到实现目标的手段上;在这种情况下把手段变成现实的种种困难、手段的琐碎性等就会把他吓住,使他心烦,他就会放弃设想的目标。

在神的国里没有目标和手段的区分。这个国的成员只创造有绝对价值的吸引人的存在,并且具有强大的创造力,不需要克服枯燥和使人生厌的障碍。人如果追求这种绝对完善的存在理想、在幻想中靠它生活、敏锐地看出我们整个生命的不完善和自身活动的缺陷,就会在每一步都既对别人及其举动,也对自身的创造尝试感到失望。他时而做这件事,时而做那件事,什么事也做不到底,最终不再为生命而奋斗,沉湎于懒惰和冷淡。奥勃洛摩夫正是如此。

奥勃洛摩夫在年轻时曾幻想"英勇和活动";"对于理解高尚思想的乐趣……也并不隔膜",想象自己是统帅、思想家和大艺术家。这并非空洞的幻想：他确实有才华且聪明。小说生动地描绘出他的一种才华：在与心爱的姑娘奥尔迦·伊林斯卡娅热切地谈话时，他表现出对美的出众敏感；他出色地描写农村生活，描绘生活之美的画卷（《奥勃洛摩夫》，第2部第4章）。假使这种才华加上研究细节的韧劲儿，他会成为一名创作出完美艺术作品的诗人。为实现这一目标需要养成系统性劳动的习惯。但奥勃洛摩夫独立生活的最初几步没有帮助他养成这种习惯。奥勃洛摩夫进了衙门任职，需要在刚开始时完成琐碎的、没有创造性的工作，他对这种劳动感到厌烦。"他们的人性何在？人的完整性又何在？"他不想"在一切小事情方面浪费精力"，便辞了职。他周围的人让他提不起兴趣，他说，因为那群人没有理想和远大的目标。他自我封闭，躺在沙发上靠美丽的幻想度日。对好姑娘奥尔迦·伊林斯卡娅的爱使他复活，但为时不久。奥尔迦答应做他的妻子时，他的脑海中除爱情的诗篇外，开始浮现出家庭生活的另一面——琐碎的操劳、大量义务，在结婚前就要枯燥无味地处置家产。这条道路上的最初几步已经使他的爱情冷却。奥尔迦明白，她没能使奥勃洛摩夫真正复活。在和他分手时，她对他说道："你驯顺、真挚，伊里亚；你温柔……你是一只鸽子"，但——"是什么把你毁了？""奥勃洛摩夫性格"[①]——他咕哝出希托尔兹杜撰的字眼。

奥勃洛摩夫彻底沉沦后,"有时候他流着绝望的冰冷的眼泪来哭泣永远熄灭了的光明的生活理想"。但希托尔兹在此时也说道,"他的心灵将永远是纯洁、光明、诚实的",奥勃洛摩夫死后,希托尔兹与奥尔迦一起怀念"死者的纯洁得像水晶一样的心灵"。[②]

究竟什么是奥勃洛摩夫性格？杜勃罗留波夫把它解释为受农奴制影响,对奥勃洛摩夫的性格嗤之以鼻；他否认奥勃洛摩夫心灵的动人之处,认为把它们写进长篇小说是对现实的不正确刻画。当代历史学家蔡特林写了一部论冈察洛夫的详细专著,认为有必要为奥勃洛摩夫辩护,例如,指出他"打了羞辱奥尔迦的塔朗切耶夫一记耳光,并把他赶出家门"。[③]当然了,马克思主义者蔡特林同样把奥勃洛摩夫性

[①] 〔俄〕冈察洛夫:《奥勃洛摩夫》,齐蜀夫译,上海译文出版社1979年版,第78、83、226、504、505页。——译者注

[②] 〔俄〕冈察洛夫:《奥勃洛摩夫》,齐蜀夫译,上海译文出版社1979年版,第650、641、672页。——译者注

[③] Цейтлин А.Г. *И.А.Гончаров.* М., 1950.С.208.

格归结为受农奴制影响，并把奥夫先尼科-库利科夫斯基说奥勃洛摩夫性格是俄罗斯民族病的想法视为对俄罗斯民族性格的诽谤（《冈察洛夫》，第8页）。奥夫先尼科-库利科夫斯基实际上是对的：奥勃洛摩夫性格在各阶级的俄罗斯人身上都存在，因此需要探索产生这一现象的比农奴制更深刻的基础。当然，农奴制助长了奥勃洛摩夫性格在享受农奴制劳动果实的人群以及受农奴制压迫的农民中的传播，但仅仅作为次要条件。冈察洛夫身为大艺术家，刻画出非常丰满的奥勃洛摩夫形象，揭示出导致逃避系统性琐碎无味的劳动并最终滋生懒惰的深层条件。如前所述，他所描绘的形象具有人类普遍意义：他刻画的奥勃洛摩夫性格深入骨髓，不仅在俄罗斯人身上，而且在整个人类身上存在。英国人在作家埃尔杰利的女儿纳·亚·达丁顿把冈察洛夫的长篇小说翻译成英语后明白了这一点。

俄罗斯人固有对绝对完善的存在之国的追求，同时对自己和他人活动的各种缺陷过度敏感。由此他们经常对开了头的事表现冷淡，讨厌继续做下去；构想及其蓝图经常很有价值，但它的不圆满和因此必不可免的不完善却使俄罗斯人却步，他们懒得继续在琐事上打磨。这样一来，奥勃洛摩夫性格在许多情况下是俄罗斯人的高尚特点——追求圆满的完

第三章　情感与意志

善以及对我们现实中的缺陷敏感的背面。由此可以理解，奥勃洛摩夫性格在各阶层的俄罗斯人身上广泛传播。当然，多数人必须劳动以养家糊口。奥勃洛摩夫性格在这种不情愿和不喜欢的劳动中表现为，这样的奥勃洛摩夫做起事来"马虎"、随便，只想完事拉倒。俄罗斯人有时说自己："我们马虎惯了。"

俄罗斯人受责任感驱使，经常在自己身上养成尽职尽责完成必要工作的能力，但某一方面的奥勃洛摩夫性格还遗留在他们身上，如表现为懒得完成那些人们所希望的、但不是严格必要的工作。例如，许多人身上都有这种局部的奥勃洛摩夫性格，可称之为"疏于通信"，也就是没有写信的意愿。

局部的奥勃洛摩夫性格在俄罗斯人身上表现为随便、不求精准、不在意，开会、看戏和赴约会迟到。才华横溢的俄罗斯人经常只限于独特的构想和某项工作的计划，而不去实现它。例如，人们早就注意到，和西欧学者谈话时得到的是他在作品中表现的东西，和俄国学者交流时则通常得到比他的著作远为丰富的内容，新思想也多得多。

值得注意的是，冈察洛夫本人也是一个局部的奥勃洛摩夫，他并非出生在地主家庭，而是出生在商人家庭。他在

《迟到也比不到强》（包含对其创作的批判性评述和分析）一文中写道，他"在自己和别人身上"找到"奥勃洛摩夫的懒惰形象"；"我本能地感到，这个人物多多少少吸收了俄罗斯人的基本品性"；"我在长篇小说中将懒惰和冷淡刻画为俄罗斯人的自发特征"。在与冈察洛夫要好的迈科夫家里，他被称为"懒王子"。他在信里经常说自己，"我是这样懒"；关于长篇小说《悬崖》，他认为是写得"懒懒地"。他在1849年的一封信里概括自己道："我彻底领悟了懒惰的诗歌，这是我唯一至死不渝的诗歌。"[1]

如果注意到冈察洛夫很看重文学作品的形式和语言完美，这些话就变得可以理解；他在作家生涯之初毁掉了自己写的许多东西，看出了自己作品的缺陷。这种辛勤的工作使他偶尔冷淡和懒惰，人们要惊叹于他的意志力，冈察洛夫凭借它最终锤炼成精彩的语言，创造出俄国文学的经典之作。

托尔斯泰在长篇小说《安娜·卡列尼娜》中讲到，列文注意到地方自治会活动中的缺陷，他不去弥补这些缺陷，

---

[1] Цейтлин А.Г. *И.А.Гончаров*. С.32,118, 217, 111.

第三章　情感与意志

反而干脆辞去在自治会的工作。作家柯兹尼雪夫责备他说："我们俄国人总是这样。能看到自己的缺点，这也许是我们的长处，但我们往往夸大其词，随便讽刺挖苦，聊以自慰。我老实对你说，要是把我们地方自治会的权利交给任何一个欧洲国家的人，譬如说德国人或者英国人，他们准会把这种权利变成自由，可是到了我们手里，只会变成一种嘲弄。"[1]看来，托尔斯泰本人在对地方自治机关的态度上也会像列文那样行事。

除本章开头所举的论据外，俄罗斯人的意志力还表现在以下方面：俄罗斯人注意到自己的某种缺点并在思想上加以谴责后，会受责任感驱使克服这一缺点，并完美地锻造出与它相反的积极品质。俄国医生在明白不清洁对治疗疾病有害后，积极作为，在革命前达到很高的清洁和抗菌水平，使得莫斯科诊所在这方面高出柏林诊所。军舰上的清洁堪称模范。19世纪下半叶俄国商人和企业主开始把子女送到西欧学习欧洲工业成就。俄国人以前在定制外套时要求用英国的呢

---

[1]〔俄〕列夫·托尔斯泰：《安娜·卡列尼娜》，草婴译，上海译文出版社1989年版，第33—34页。——译者注

绒缝制，而在20世纪，俄国纺织业生产出的印花布、亚麻和呢绒已开始抢占英国人的市场。

在地方自治活动家当中有许多人积极地同俄罗斯人的奥勃洛摩夫惯性作斗争；他们在组织居民医疗救助、办学和许多经济活动领域成绩斐然。俄国在地方自治和城市自治方面开始高出西欧同类。托尔斯泰在写《安娜·卡列尼娜》时没有注意到，尽管有政府的禁令和迫害，地方自治人士和城市自治活动家开始声称必须废除专制制度；进步的地方自治人士和城市活动家在20世纪初成立争取政治自由的联合会，并在国外创办彼·伯·司徒卢威任编者的《解放》杂志。政府在1905年被迫作出让步，颁布了10月17日（俄历）宣言，让俄罗斯人参与到俄国政治生活中。地方自治人士和城市自治活动家奋不顾身的斗争是迫使政府作出这项重大改革的重要条件之一。

认识到亚历山大二世大改革前的法院弊端和行政腐败，俄国社会积极地与之作斗争，据了解西欧和俄国文化的人见证，法院在改革后处于比西欧更高的水平，腐败现象也比其他许多文明国家要少。

陀思妥耶夫斯基在长篇小说《少年》中以韦尔西洛夫的名义写道，俄罗斯人一旦对西欧制定的积极原则着迷，就会变得比欧洲人——法国人、英国人、德国人——更像欧洲人，因为俄罗斯人不受他们的民族狭隘性所限。

法国人说："刮一刮俄罗斯人，你们会找到鞑靼人。"勒鲁瓦-博利厄表达出相反的观点："抹去鞑靼桎梏的痕迹，你们会发现俄罗斯人是欧洲人。"（《沙皇的帝国和俄国人》，第1卷，第250页）针对大俄罗斯人与其说是斯拉夫人、不如说是蒙古人的论断，勒鲁瓦-博利厄机智地反驳道：大俄罗斯人浓密的长胡子能够证明，他们身上的斯拉夫血液浓于蒙古人血液（第1卷第2部第4章，第107页）。

俄罗斯人有许多缺点，但他们的意志力能在与缺点斗争中将其克服。

第四章 / 自由之爱

俄 罗 斯 人 的 性 格
Характер русского народа

　　爱好自由及其最高表达——精神自由——与宗教性、探索绝对之善和意志力同属于俄罗斯人的原初特点之列。这一特点与探索绝对之善密切相关。事实上，完美的善只存在于神的国，它是超尘世的，因而，在我们的自私的存在物王国永远只实现一半的善——积极价值与某种不完善的结合，也就是与某一方面的恶结合为一体的善。当人确定从各种可能的表现方式中选择哪一种时，他并没有关于最佳行为方式的如数学般可靠的知识。因此，具备精神自由的人倾向于考验各种价值，不仅在思想上，甚至在经验中。

　　阿斯科尔多夫（哲学家谢尔盖·阿列克谢耶维奇·阿列克谢耶夫的笔名，1870—1945）在文章《陀思妥耶夫斯基

第四章 自由之爱

的宗教意义和伦理学意义》[1]中写道，个人作为个体的存在物，要求一切生活规范都获得他个人的批准，也就是要求对这些规范进行选择和评价，或者用思维，或者用非理性的道德直觉，或者用经验。因此，个性鲜明的人经常与外部环境发生冲突，"在探索更高的行为准则"或至少是"有更深刻基础的"准则时，甚至能够犯下罪行（第4—7页）。陀思妥耶夫斯基确实刻画出俄罗斯人的这种性格，他们在个人行为中大胆考验价值和规范。例如，回想一下拉斯科尔尼科夫、斯塔夫罗金、伊万·卡拉马佐夫。[2]

陀思妥耶夫斯基写道，在西欧有牢固确立的生活准则和方式，出于秩序的需要无论如何应当维护，尽管是约定俗成，有时却被看作"神圣"。在我们俄罗斯人这里，却"没有出于错误喜好（quand même）的圣物。我们爱我们的圣物，只因它们确实神圣。我们不会拥护它们，仅为用它们捍

---

[1] 载关于陀思妥耶夫斯基的论文集，多利宁编，1922年版。
[2] 关于拉斯科尔尼科夫，参看笔者的《绝对之善的条件》一书；关于斯塔夫罗金和卡拉马佐夫，参看笔者的《陀思妥耶夫斯基及其基督教世界观》一书。

陀思妥耶夫斯基（1821—1881），其作品刻画了俄国社会底层小人物的悲怜、矛盾和困苦，对西方文学影响很大

卫秩序（L'Ordre）"（《作家日记》，1876年，2月，II，6）。弗·索洛维约夫再三指出，个人的自由发展是其完善的根本条件。因此，他写道，法律"允许人是恶的，不干涉他在善与恶之间的自由选择；法律仅出于共同的福祉才阻止恶人成为危害社会存在的恶棍"[①]。

由于自由探索公义和大胆批判价值，俄罗斯人很难为共同事业彼此达成协议。爱开玩笑的人说，有三个俄罗斯人为某件事发生争执，结果却冒出不止三种而是四种意见来，因为某个参与争执的人会在两种意见之间摇摆。在为某项共同事业成立的组织中很容易发生分裂，形成几个党派和小组；在政党中形成几个派别。厄卡尔德在《俄国基督教》一书中指出，在正教会崇拜是一成不变的，但信徒的许多宗教观念不服从必要的公式。脱离教会的俄罗斯人——旧礼仪派信徒和教派信徒无休止地分裂出许多分支和派别。

俄罗斯人的自由之爱在社会生活中表现为无政府主义倾向和排斥国家。康·阿克萨柯夫提出斯拉夫派典型的国

---

① Соловьев Вл. *Оправдание добра*. С.466.

家学说。他断言俄罗斯人把"土地"与国家截然分开。"土地"是村社；它按内心的道德公义而生，偏重符合基督学说的和平道路。

然而有好战的邻国却迫使俄罗斯人最终成立国家。俄罗斯人为这一目标召请瓦兰人，把"土地"从国家分离出去，将政治权力交给选定的国君。国家以外部公义而生：它建立外部生活准则并诉诸强制力量。外部公义胜于内心公义是西欧发展道路，在那里国家通过占领而产生。相反，在俄国，国家因自愿以"土地"召请瓦兰人而产生。因此，按阿克萨柯夫所说，国君和政权机关甘愿承担与恶作斗争的肮脏事，通过强制手段即"外部公义"手段，"土地"则像基督徒那样以内心公义为生。基于这种对国家的态度可以理解，正是在俄国出现了杰出的无政府主义理论家——米哈伊尔·巴枯宁、克鲁泡特金公爵和列夫·托尔斯泰伯爵。许多旧礼仪派分支信徒和许多俄国教派信徒仇恨国家，是无政府主义的拥护者。

哥萨克的产生是精明强干的人们寻求摆脱国家而出逃的结果。欧俄北方和西伯利亚有人居住在很大程度上由人们设法远离政权机关的活动所实现。因此，俄罗斯帝国庞大疆域的形成部分是由于热爱自由的俄罗斯人从自己的国家逃跑，

第四章 自由之爱

而当他们在新的土地上定居时,国家又追赶过来。

甚至农奴制也没有在精神上把俄国农民变成奴隶。普希金曾记述,他有一次坐马车从莫斯科到彼得堡,和一个英国人聊天。"我问他,有什么比俄国农民更不幸?英国人回答:'英国农民。'"普希金很吃惊:"怎么!照您看,一个自由的英国人比一个俄国奴隶更不幸?⋯⋯还是您认为俄国农民是自由的?"英国人说:"看看他吧:他对您岂不是自由自在?他的言行中可有卑躬屈膝的影子?"[1]

普希金在另一处笔记中亲口重复了英国人对俄罗斯平头百姓的赞誉之词。"看看俄国农民吧:他的言行中可曾有卑躬屈膝的影子?他的胆大机灵没的说,悟性高谁都知道,敏捷灵活令人惊异。"[2]

俄国形成绝对君主制(有时与专制沾边儿)的原因之一是难以管束具有无政府主义习气的百姓。这些百姓向国家提出过分要求。鲍·尼·契切林在1858年给《钟声》杂志出版

---

[1] *Собр. соч. Пушкина. Под ред. Морозова.*1903. Т.6. *Мысли на дороге.* С.365—368.

[2] Там же. *Русская изба.* С.363.

人赫尔岑的信中指出，这种对国家的态度多么有害："在年幼的社会——这个社会还不习惯经受内心风暴，还来不及获得公民生活的英勇美德——狂热的政治宣传比在任何地方都更有害。我国社会应当用理性的自我控制为自己购得自由的权利，你们却在教它什么呢？教它易怒、不能忍耐、无理取闹和不择手段。你们用自己的乖戾行为、顶着一层独立判断的诱人面纱开不懂分寸的玩笑且加以讽刺，来助长在我们这里本就十分流行的对政治问题的轻率态度。我们需要独立的社会舆论——它几乎是我们的第一需要，但需要的是练达和刚正的社会舆论，有看待事物的严肃观点和经过磨炼的政治思想，这样的社会舆论能够成为政府在善的创举上的依靠和在错误方向上的明智阻拦。"①

　　有一个关于农民行为的典型故事，农民自己承认，政权机关在碰到自行其是的人时，经常要用严厉的、有时甚至蛮横的手段使他就范。春天彼得堡涅瓦河上的冰雪融化，在冰面上过河会有危险。市长下令在涅瓦河岸边设岗哨，禁止

---

① 引自彼·伯·司徒卢威《契切林及其在俄国文化和社会发展史上的地位》一文，载于他的《俄国社会和经济史》一书，第331页。

行人在冰面上过河。一个农民不顾警察的呼喊走到冰上，摔倒了并开始往下沉。警察把他救起来，农民非但不感谢，反而开始责备："你怎么看着的？"警察对他说："我冲你喊了。"——"喊了！得抽个大嘴巴！"

大俄罗斯帝国绝对君主制的建立不仅凭借其统治者的努力，而且凭借来自人民的反无政府的支持。有哪些阶层的人支持这一点？探索绝对之善以及由此而来的服务于最高原则，激起整整几个阶层的俄罗斯人让自由服从国家，把国家视为节制恶的必要条件；神职人员、商人阶层和军人是这种人。绝对君主制强国的出现还有一个重要条件。伊里因在《俄罗斯文化的实质和独特性》一书中提示道，俄国在历史上的大部分时间都是被包围的要塞。他援引谢·索洛维约夫的著作指出以下数字：从800年至1237年每4年就有一次对罗斯的军事进攻；在1240年至1462年间发生过200次入侵。伊里因计算出，从1368年至1893年，也就是在525年当中，有329年在打仗，这意味着，两年开战一年太平（第154页）。

神职人员因其事奉上帝的实质而受召同国家一道与恶作斗争：神职人员使用精神手段、国家则使用强制手段与恶抗争。毫不奇怪，神职人员懂得恶的力量，看重国家这位与恶抗争的斗士。况且，神职人员善于在百姓的无政府主义习气中区分出真正的自由和俄罗斯自由逃民偷换概念的任意妄为。爱国主义，也就是对祖国的自然之爱，与民族情感，也就是对伟大精神和历史价值的代表者俄罗斯人的爱，在俄国神职人员那里同对国家的爱结合为一个不可分的整体。国家很少关心普通的农村神职人员；他们的生活极其悲惨。例如，从俄国历史杂志刊登的回忆录中可知19世纪上半叶农村神职人员的生活何等贫困。因此更应看重神职人员作为俄罗斯国家体制堡垒的功绩。正教在俄罗斯人身上同样与爱国主义和民族主义密切相关，就连外国人勒鲁瓦-博利厄（《沙皇的帝国和俄国人》，第3卷第1部第4章）和巴林（《俄罗斯人》，第27章）也指出这一点。

  商人部分是出于本阶层的利益而懂得国家的价值，在历史上的困难时期帮助国家。在军人当中，尤其在选择这条道路为职业的军人中，有许多凭责任感为国家和民族效力的人，因此他们不装腔作势，而是表现出克己和谦虚，没有军阀气。普希金、莱蒙托夫和列夫·托尔斯泰在俄国文学作品中出色地刻画出他们的这些特点。回想一下《上尉的女儿》中的米龙诺夫上尉，《当代英雄》中的马克西姆·马克西梅奇上尉，《战争与和平》中的土申大尉。

  列夫·托尔斯泰在高加索当军官时观察过俄国士兵的性

1812年6月，法皇拿破仑一世率60万大军进攻俄国，俄军大败。后在库图佐夫率领下，俄军逐渐转入反攻。12月，法军残部退出俄国领土。图为俄国1812年卫国战争场景格。他在短篇小说《伐木》中写道:"俄罗斯兵主要有三种类型……一、唯命是从的;二、官气十足的;三、不顾死活的。唯命是从的又可分为:甲,冷静沉着的唯命是从;乙,任劳任怨的唯命是从。官气十足的又可分为:甲,作风严厉的官气十足;乙,手腕灵活的官气十足。不顾死活的又可分为:甲,滑稽可笑的不顾死活;乙,放荡不羁的不顾死活。

"最常见的类型纯朴可爱,多半具有基督徒的美德:温顺,虔诚,忍耐,服从上帝的意志,这是唯命是从型的共性。冷静沉着的唯命是从型的特点是永远心平气和,对可能遭遇的各种命运的波折总是满不在乎。"

滑稽可笑的不顾死活型的特点是:"具有坚定乐天的性格,禀赋超人,多才多艺,勇敢无畏"。放荡不羁的不顾死活型的主要特点是:"不信神和胆大妄为。""这种人在俄国军队中幸而非常少见,而且他们往往被士兵们所摒弃。""一个俄罗斯兵的斗志,不像南方人的勇气那样建立在容易燃烧也容易冷却的热情上,你不容易使它激发,也不容易使它沮丧。他不需要鼓动、演说、呐喊助威、歌唱和军鼓;相反,他需要安静、秩序,不需要丝毫紧张。在一个俄罗斯兵身上,在一个真正的俄罗斯兵身上,你永远不会看到吹牛、蛮干,在危险面前发愁或者紧张;相反,谦逊,单纯，在生死关头看到的不是危险，而是别的什么——这些才是他性格上的特点。"[1]托尔斯泰参加过塞瓦斯托波尔保卫战，在《塞瓦斯托波尔小说集》中指出这种"在险境中平静履行职责"（《十二月的塞瓦斯托波尔》）。拿破仑在评价俄国兵的坚定时说："打死俄国兵还不够，还得把他推倒。"

俄罗斯人的生活中有许多悖论，最引人注意的一点是，俄国在政治上是绝对君主制，在社会生活中却是比西欧更自由的日常生活民主。斯拉夫派分子霍米亚科夫说，俄罗斯人按性格倾向于民主。俄国社会中鲜明地反映出不喜欢约定俗成，有时候不喜欢得过了头，例如在19世纪60年代的虚无主义者身上就有此特征。这甚至表现在宗教生活中。勒鲁瓦-博利厄指出，在俄罗斯正教徒身上有比天主教徒更大的摆脱教会规定的自由（《沙皇的帝国和俄国人》，第3卷第2部第4章）。舒巴特写道："俄罗斯人和一切斯拉夫人固有对自由的追求，不仅要摆脱外族的压迫，而且要摆脱一切

---

[1] 《托尔斯泰文集——一个地主的早晨》（中短篇小说1852—1856），草婴译，上海译文出版社1985年版，第55—56、88页。——译者注

1854年9月至1855年9月，在克里木战争期间，俄军在塞瓦斯托波尔针对英法联军进行了一场防御战，最后以俄军失利告终

第四章 自由之爱

暂时和易逝之物的枷锁"；"在欧洲人中，穷人从来看富人而生羡慕，在俄罗斯人中，富人经常看穷人而怀羞愧。在俄罗斯人身上能强烈地感受到，是财产占有我们，而不是我们占有它，占有意味着属于某物，精神自由在财富中窒息。"（《欧洲与东方的心灵》，第67页）

鄙视庸人习气在很大程度上是俄国社会的典型特征，即鄙视小市民专注于财产和尘世福利，要"活得像大家一样"，拥有好的陈设、服饰和住宅。赫尔岑、陀思妥耶夫斯基、列夫·托尔斯泰在看到西欧现实后，嫌恶地描写出它的庸人特点。伊万诺夫-拉祖姆尼克写了三卷本非常详细的著作《俄国社会思想史（19世纪俄国文学作品和现实中的个人主义与庸人习气）》。他写道，"庸人习气"术语来自赫尔岑，用它指一种集体的平庸、适度和规矩，仇恨鲜明的个体性（第1卷第8章）。

列夫·托尔斯泰在他的作家生涯之初，在短篇小说《卢塞恩》中气愤地描写住在豪华旅馆里的富人们自私且封闭。他在艺术创作的鼎盛时期一针见血地痛斥庸人习气，在《战争与和平》中刻画出贝尔格夫妇一心想要"活得像大家一样"。

俄国知识分子出于个体的人的尊严和个人自由来反对庸

人习气，也就是反对小市民的思想情绪和生活方式，反对国家或社会对个人的压制，反对任何把个人贬低至仅为工具的做法。米海洛夫斯基曾反对社会生活中的劳动分工；他害怕极端的专业化和由此产生的个性贫乏；他的理想是拥有多方面的个性。米海洛夫斯基和格外着力的别尔嘉耶夫把个体的、唯一的，不可重复和价值无法取代的个人置于社会之上。

在俄国，到大学和工艺学院接受高等教育并非富人的特权。俄国的日常生活民主制促进校内协会设立大量奖学金并帮助大学生。因此俄国知识分子是不分阶层和阶级的。如果没有1914年战争，俄国会凭借日常生活民主与政治民主相结合，制定出比西欧享有更大自由的法治国家制度。

因为对恶敏感，俄国书刊中对达尔文主义的生存斗争是进化因素学说予以坚决谴责。车尔尼雪夫斯基指出，过度繁殖和食物匮乏引起的生活斗争是导致有机体退化而非完善的灾难之源。尼·雅·丹尼列夫斯基在1885年出版《达尔文主义》一书，举出一系列反驳达尔文进化因素学说的有力依据。他本人理解进化是受"合理原因"主导的"有机体有目的性"的结果。米海洛夫斯基反对达尔文主义者把生存斗争法则用于人类社会生活。地理学家、地质学家、无政府主义理论家彼·克鲁泡特金公爵写下《互相帮助是进化因素》一书。他在这本书中证明，生存斗争导致的不是较原始的有机体的完善，而是其苟延残喘。他写道，大自然中广泛流行的互相帮助是促进有机体完善的更重要的进化因素。

精神自由、探索完美的善和由此而来的考验价值所导致的结果是，俄罗斯人没有严格制定和融入血肉的生活方式。在俄罗斯人的生活中有各种各样甚至相互对立的特点与行为方式。别尔嘉耶夫富于表现力地强调了俄罗斯人的这一特点。他写道："俄罗斯心灵形态的基础是两个对立的原则：自然的、多神教的狄奥尼索斯力量和苦修主义-修道式的东正教。在俄罗斯民族那里可以发现对立的性质：专制主义、国家扩张与无政府主义、自由；残酷、暴力倾向与善良、仁爱、温柔；恪守礼仪与寻求正义；个人主义、敏锐的个性意识与无个性的集体主义；民族主义、自夸与普世主义、全人性；末世论-弥赛亚主义的宗教性与表面的笃信宗教；寻神与战斗的无神论；谦卑与蛮横；奴性与反抗。"[1]

---

[1] 〔俄〕别尔嘉耶夫：《俄罗斯理念》，张百春译，北京大学出版社2024年版，第5页。——译者注

俄罗斯人的性格
Характер русского народа

可悲的是，有时在同一个俄罗斯人身上有截然相反的好坏两种特点。德米特里·卡拉马佐夫曾说："人太宽了，我想要缩窄。"俄国历史学家谢·格·普什卡廖夫在《俄国历史进程中的两种趋向》(*Two trends in the course of Russian history*)一文中断定，俄罗斯人生活中的善和恶的上下限比其他民族的人更夸张。他在文章开篇援引壮士歌，其中极善和极恶相对立。伊里亚·穆罗梅茨在基督祝福下勇敢地维护基督教信仰，与恶棍抗争。诺夫哥罗德的壮士歌中却赞颂瓦西卡·布斯拉耶夫，他"既不信梦也不信鬼"，纠集30个像他一样的不法之徒，与他们一起为非作歹、饮酒作乐，干杀人勾当。法国历史学家莫诺（Monod）娶了赫尔岑的女儿为妻，碰到过许多俄罗斯人，在给勒格拉教授的信里关于俄罗斯人说道："我不知道更有魅力的民族；但我也不知道更有欺骗性的民族。"[①] 显然，莫诺所说的"欺骗性"指的是出尔反尔。别尔嘉耶夫写道：俄罗斯民族"让人陶醉，也让人失望，在它那里总是可以有一些意外，它最能引起对其强烈

---

① Je ne connais pas de peuple plus séduisant; je n'en sias pas de plus décevant (Legras J. *L' âme russe*. P. 5).

的爱和强烈的恨"。①

关于俄罗斯人所引起的爱，我在第一章中举过外国人作品中的一些例子。维克多·海恩（Viktor Hehn）的《俄罗斯人的行为》（*De moribus Ruthenorum*, 1892）和加拉哈德爵士（Sir Galahaad）的《俄国文学作品导读》（*Der Idiotenführer durch die Russische Literatur*）可以作为疯狂仇恨的例子。德国人海恩看来在彼得堡的公共图书馆工作过，退休后去了德国，在那里靠从俄国领取的退休金生活。他在1857年至1873年记有日记，在他死后希曼（Schieman）教授发表了这些日记。海恩写道，俄罗斯人是不讲良心、名誉和自主的人；他们没有创造力；他们不擅长舞蹈和芭蕾；普希金的抒情诗是不带心灵和情感的模仿；俄罗斯人不善于把握整体，不管在实际生活中，还是在艺术创作中；他们的文学作品没有才气。普希金是各种模仿的混合物。果戈理"脑子不开窍"。"他们不晓得爱情这位青春的大魔法师和生命的桂冠。"这里说的是产生过普希金和莱蒙托夫等大诗人的民族，并且是

---

① 〔俄〕别尔嘉耶夫：《俄罗斯理念》，张百春译，北京大学出版社2024年版，第4页。——译者注

俄罗斯人的性格
Характер русского народа

在屠格涅夫、冈察洛夫、陀思妥耶夫斯基、列夫·托尔斯泰的长篇小说问世后。海恩注意到俄罗斯人有某种好的特点时就竭力贬低它。例如，他写道，俄国合伙人非常诚实，可以把大笔的钱托付给他们；他把这种诚实解释为原始性（《俄罗斯人的行为》，第106页），个体性尚未觉醒（上引书，第202页）。

《俄国文学作品导读》的作者自命不凡地取了圣杯骑士之一的名字，与海恩一样否认俄罗斯人有任何优点。他断定俄罗斯人没有发明任何东西，也没有任何创造。他在读《战争与和平》时，只找到娜塔莎·罗斯托娃身上的一个表现——把正在康复的婴儿尿布上的黄色屎斑给丈夫看；他对普拉东·卡拉塔耶夫一味嘲弄，看不到他身上有任何长处。我花了很长时间找加拉哈德爵士的书，想要读完它并加以批判。当我找到它以后，却不认为值得为它写文章。任何一个读过海恩或加拉哈德爵士的书的人都会对自己说，他们刻画的那种俄罗斯人并不存在于这个世界，他们的书不过是好玩的例子，证明仇恨这种撒旦的情感怎样蒙蔽人的双眼，如马克斯·舍勒所说：它激起人们为所恨之人的缺点高兴，却在看到那人的优点时伤心。

第五章 民粹派运动

俄罗斯人固有的探索绝对之善导致承认任何个人的崇高价值。因此，俄国知识分子一贯表现出对社会公正的高度关注，关心改善农民这一最贫苦阶层的状况。19世纪，知识分子当中掀起一场名为民粹派的运动。这场运动在一些人身上表现为忘我地为百姓服务，此外，在另一些人身上还表现为把人民极端理想化，并由此产生出向人民学习、掌握人民所体现的"公义"的愿望。许多民粹派分子是一些离开教会的不信教之人，而他们的民粹派运动却无意中与俄罗斯人固有的对善的宗教探索有关。费多托夫在《民粹主义的宗教根源》①一文中谈到许多民粹派分子的自我牺牲精神、舍弃财

---

① Fedotov G.P. *The Religions Sources of Populism//Russian Review*. 1942. April.

俄国风俗画家维聂茨昂诺夫反映19世纪俄国农民生活的画作，其作品表现了俄罗斯古老、淳朴的田园生活，揭示了普通人尤其是农民善良和勤劳的道德品质

富和文化福利，断定这些特征需要从宗教上来解释；它们在潜意识里与俄罗斯圣徒的"虚己"有关——喜爱贫穷，穿差衣服，与下层人民生活在一起（第34页）。

对农民的理想化在斯拉夫派身上已经能够找到。康·阿克萨柯夫谈到未被文明败坏的普通人有很高的道德。他在喜剧《卢波维茨基公爵》中坚决地表达了这一想法。

霍米亚科夫很看重俄罗斯人的村社，"农村米尔"及其同声相应的大会，按风俗、良心和内心公义作出的审判。①

尤·萨马林也对俄罗斯人的村社加以理想化。

彼·拉·拉甫罗夫表达出"欠人民的债"的思想，他在《历史书简》中论证如下："我所享受的每一种生活便利，我在闲暇时获得或形成的每一种思想，都是用千百万人的血汗、痛苦或劳动买下来的。"米海洛夫斯基说了同样的话："我们欠人民的债。"（见文章《什么是进步？》）米海洛夫斯基格外看重农民的生活和劳动。农民靠近大自然而生，从大自然获得的许多感受和见识是城里人很少得到的；他们

---

① Собр. соч. Хомякова. Т.1. «Пьсима об Англии». С.138; «По поводу Гумбольдта» см. описание мирской сходки. С.166—169.

的活动丰富多彩，应季节和天气而变化；他们在田间地头侍弄作物，饲养牲畜，闲下来时修理或打造干活用的工具。米海洛夫斯基说道，农民由于这种复杂的生活而具有全面的个性。农民的发展程度通常较城里人低，后者成为某一领域的高明的却狭隘的专家，但农民的发展类型却高出许多，因为他们身上包含多种能力。农民的复杂生活具有有机的整体性。最杰出的民粹派作家之一格列勃·乌斯宾斯基从米海洛夫斯基那里承袭了这种全面个性的理想以及对农民生活类型的理想化。

以下作家属于民粹派小说家之列：亚历山大·伊万诺维奇·列维托夫（1835—1877）、尼古拉·伊万诺维奇·瑙莫夫（1838—1901）、帕维尔·弗拉基米罗维奇·扎索季姆斯基（1843—1912）、格列勃·伊万诺维奇·乌斯宾斯基（1843—1902）、尼古拉·尼古拉耶维奇·兹拉托夫拉茨基（1845—1911）、菲利普·季奥米多维奇·涅费多夫（1848—1902）、尼古拉·叶尔皮季福罗维奇·卡罗宁（彼得保罗斯基的笔名，1857—1892）。苏联的文学史家称丹尼拉·卢基奇·莫尔多夫采夫（1830—1905）为"温和民粹派运动"的代表。他们把尼古拉·康斯坦丁诺维奇·米海洛夫斯基（1842—1904）视为民粹派运动的理论家之一。

在民粹派作家中尤其值得注意的是兹拉托夫拉茨基和格列勃·乌斯宾斯基。兹拉托夫拉茨基在中篇小说《农民陪审员》中讲述了8名被村社派到地方法院当陪审员的农民的行为和际遇。兹拉托夫拉茨基这样形容他们："他们都是勤劳的庄稼汉"；"他们与其说是严谨的思想家，不如说是轻信的艺术家，尽管在下决心做某事或断某件案子以前，他们也会掂量很久，从各方面考虑琢磨，但突然就精疲力竭，抛开之前的一切苦思冥想，作出有时会与苦苦思索的结果完全相反，却符合他们的内心情绪的决定。他们易受感动；在他们身上明显倾向于'凭心灵'断案，而不是凭绞尽脑汁地思考。这一切都在他们的性格上打下好心肠的烙印"。一些人认为，"罪"开始于犯罪行为那一刻并需要惩罚，而对农民来说，罪本身已是"惩罚和不幸"的一部分，是"施惩罚的上帝为仅他所知道的曾经做过的事"找上门来。有时农民陪审员对确凿的犯罪会作出"无罪"的决定，例如，他们认为在该案中判几年苦役不公平，何况犯人还有老婆和年幼的孩子。

兹拉托夫拉茨基在中篇小说《根基》里描绘出村社、

"米尔"①的良好风气,在米尔中大家彼此亲近,同甘共苦,感到有责任互相帮助。这种村社的成员说道,我们"谁对谁都像亲人一样"。在守护"根基"的村社里的米纳大叔的哲学是这样的:"庄稼人喜欢米尔、太平;自己家地里安生还不够,他想要四周都亮堂和高兴。因为邻居家过不好,你家也好不了,等着倒霉吧。"(第3部《田野的孩子》一章)在《一个幸福农夫的梦》一章中,米尔被农民看作公义之源:"你找不到比米尔更公正的,它收买不了、躲避不开、欺骗不住,在米尔每个人的事大家都清楚。米尔不会白白叫人受屈,因为它本身不要好处,规规矩矩地管着大家伙的事。"按祖先遗训生活的农民在碰到不公正和为难遭灾时,会寄希望于上帝和沙皇来安慰自己:"上帝是干吗的?沙皇又是干吗的?"

有观点认为兹拉托夫拉茨基在往农夫身上"撒糖"。这不是真的。的确,他喜欢刻画村社生活的积极方面及其基督教原则,但不能说这些仅存在于他的想象:斯拉夫派分子霍

---

① 农民不使用"村社"一词,他们称它为"米尔"。

俄国1861年改革后，农民同地主和沙皇制度的矛盾愈益激化。一批代表农民利益的平民知识分子，与人民同呼吸共命运，走上民主革命的道路，逐渐形成"民粹派"。图为下乡宣传的民粹派知识分子被捕米亚科夫和康·阿克萨柯夫在他以前就看到村社的正面"根基"。兹拉托夫拉茨基理解甚至观察到村社有可能解体。他在中篇小说《根基》里讲述一个青年农民从莫斯科回到父亲家中，把原本和睦的一家人拆散。他在大城市里工作，习惯了只关心自己，冷漠地看待甚至住在隔壁屋子里的人，把他们看成与自己毫无关系的外人。他的婶婶，"菩萨心肠"的守护根基者乌里扬娜·莫谢夫娜看到他的做派，责备他"做什么事都自顾自、自管自"，侄子却回敬道："京城就这样。这样更好：你不往别人心里钻，别人也不对你指手画脚。"

村社曾是除小俄罗斯[①]外整个俄国农民占有土地的主要形式。许多民粹派分子在19世纪70年代幻想俄国能跨过资本主义经济发展阶段，凭借俄国农民的村社精神直接进入社会主义。与米海洛夫斯基要好的格列勃·乌斯宾斯基同样寄希望于俄国走这条发展道路，但他观察到迅速发展的资本主义对农民生活的影响，并在作品中表现出农民正在成为小资产

[①] 小俄罗斯，地理概念，指乌克兰等一些受过波兰文化影响的周边地区。——编者注

阶级利益、而不是村社精神的代表者。一些民粹派分子，例如兹拉托夫拉茨基，为此不喜欢他，他却回击这些指责说，他不喜欢"甜腻"的民粹派；别人管他要的是"巧克力做的农夫"，他却在随笔中道出"民间秩序土崩瓦解"。但在米海洛夫斯基的影响下，乌斯宾斯基同他一样也认为，接近大自然和劳动多样化使农民培养出多方面的个性和有机生命整体。在他的《农民和农民劳动》文章集里有一篇《农业劳动之歌》的随笔。他在《土地的威力》一组文章中写道，俄罗斯人"只要在土地的威力下，就既强大又柔顺"，"农民离开土地，心灵就会空虚"——酗酒、放浪、行骗。他在随笔《光脚伊万的故事》中讲述了一个农民的这种生活经历。

费多托夫把诗人涅克拉索夫算在民粹派分子之列。他称涅克拉索夫为"基督教民粹派分子"，因为涅克拉索夫怀有爱意地谈到农民的宗教性。费多托夫写道，沙皇尼古拉二世的女儿们在父亲退位后居住在西伯利亚时，曾经迷恋涅克拉索夫这位与培养她们的家庭氛围接近的基督教民粹派分子（《民粹主义的宗教根源》，第31页）。可以说，沙皇尼古拉二世本人也是基督教民粹派分子。

民粹派运动不仅表现在文学作品中，也表现在俄国知识分子的活动上。19世纪70年代初出现过一场所谓"到民间

第五章 民粹派运动

去"运动。成千上万名年轻人在学会手艺后开始搬到农村居住，目的是提高农民的文化水平并宣传社会主义。关于这场运动的有价值的材料在运动参加者弗·杰博戈里-莫克里耶维奇（1848—1926）的《回忆录》一书中和奥·瓦·阿普捷克曼（1849—1926）的《革命民粹派史料》一书中给出。①

杰博戈里-莫克里耶维奇在产生只有体力劳动不是人剥削人的想法后，放弃了基辅大学的学业，学会一门鞋匠手艺并搬到农村居住。阿普捷克曼已经顺利修完彼得堡军事外科医学院的课程，却没有参加国家考试，1875年在普斯科夫省玛·米·东杜科娃-科尔萨科娃公爵夫人的宗教社团医院当了一名医士。他写道，在谈话和工作中，"每次在我面前都呈现出人民性格中崭新的、吸引我的方面"（《革命民粹派史料》，第73页）。阿普捷克曼这位犹太人因为热爱人民，想要在宗教上同他们接近，并为此受了洗。

在搬到农村居住的民粹派分子中有截然不同的两类人：

---

① Дебогорий-Мокриевич Вл. *Воспоминания.* 1894; Аптекман О.В. *Из истории революционного народничества.«Земля и воля» 70-годов.* Изд. 1924 и 1925 гг.

"巴枯宁叛逆分子"和"拉甫罗夫分子"。巴枯宁的追随者挑动农民叛乱，指望用这种方式发动全民叛乱和推翻政府。拉甫罗夫的追随者不是叛逆分子，他们努力提高农民的文化水平，并从事和平的社会主义宣传。1874年政府逮捕上千名巴枯宁分子和拉甫罗夫分子。在长达4年的预审中他们有人死在狱中，有人重病致残，也有人因查无实据而获释。1877年开始了"193人审判案"，结果有一部分被告被判苦役。参政院向沙皇亚历山大二世呈请把苦役换成流放，沙皇却驳回这项请求。

民粹派分子很快便注意到，社会主义不能使农民感兴趣，他们的注意力集中在日常需要、土地不足和捐税过重等问题上。于是拉甫罗夫分子把农民的这些利益摆到首位，在1878年成立了土地和自由社。阿普捷克曼讲述了他们团体中"思想纯洁和真正人性高贵"的氛围（《革命民粹派史料》，第103页）。他们在当时并未争取政治自由：他们认为对农民来说，贵族资产阶级宪法比绝对君主制更有害。1879年《土地和自由》杂志登出一批文章，谈政治谋杀在同政府暴政斗争中的必要性。一些民粹派分子产生以下想法：宪法是必要的，可以用恐怖手段，甚至通过刺杀沙皇迫使政府出台宪法。格奥尔吉·瓦连廷诺维奇·普列汉诺夫

（1856—1918）对此予以坚决反对：他机智地证明说，政治恐怖的结果只会让"亚历山大二世变成亚历山大三世"（第192页）。这些争论导致土地和自由社解散；民意党和土地平分社取而代之。民意党人刺杀了亚历山大二世，不仅给俄国带来亚历山大三世，更引起漫长而压抑的政治反动统治，这替代了日益临近的宪法。

阿普捷克曼加入的土地平分社仅存在了3个月。1880年阿普捷克曼被捕并被流放到雅库特州5年。他在流放期满后去了慕尼黑，在那里完成医学学业，1889年回到俄国，当过一段时间的地方自治局医生。民粹派运动在亚历山大三世在位时的反动时期采取了和平形式。众多知识分子在农村勤奋地工作，当地方自治局医生、国民小学教师、农艺师和统计工作者。这场运动的领袖是尼古拉·康斯坦丁诺维奇·米海洛夫斯基（1842—1904），他和弗拉基米尔·加拉克季昂诺维奇·柯罗连科（1853—1921）同为《俄国财富》杂志的实际编者。20世纪初革命运动高涨时期从民粹派分子当中产生的社会革命党，制造了就其规模和残忍程度而言骇人听闻的恐怖活动。

在思考民粹派运动时，要回想起的不是社会革命党人的残忍恐怖行为，而是俄国知识分子对人民的爱，他们努力把

俄罗斯人的性格
Характер русского народа

文化带到农民的生活中，忘我地为农民的需要服务。这种爱没有得到农民的回应。有文化的人的整个生活方式都不同于农民的生活方式，不被农民所理解并引起他们的不信任。知识分子不信教尤其让他们疏远。农民有自己的不同于知识分子的文化。农民走进木屋时，先要看着圣像画十字，然后按一定顺序向在场所有人行礼，举止沉稳、不慌不忙。他们每周三和周五吃斋。农民甚至在生活琐事上也形成一套独特的风格，例如，用公碗进食，按顺序、慢悠悠、守平等。知识分子匆忙行事和不遵守既定形式让农民疏远。格列勃·乌斯宾斯基在随笔《草地上》讲述村长有一次找他办事的情景。乌斯宾斯基同他打了招呼并想要握手，村长却说："打头里得让咱按咱庄稼人的法子办——向上帝祷告了，再去握您的小手。可别见怪！——这是我们庄稼人和蠢人的笨规矩。"他向圣像祷告了，挂好大檐帽，说道："喏，现在来认识一下吧。"乌斯宾斯基讲到，农民在经过教堂时画十字，对知识分子则不屑地说道，他"不会在额头上画十字"。

乌斯宾斯基在随笔《可疑的人》中写道，农民不仅恨地主"老爷"，而且恨所有被他们称为"老爷们"的人，他们把整个知识分子都算在里面。他们不理解有知识的人做的事，想象这是一些游手好闲、不工作的人。乌斯宾斯基用与

亚历山大三世(1845—1894)，俄罗斯帝国第十三位皇帝，其在位时期国内没有战争且和平稳定，是俄罗斯帝国后期最繁荣的时期，因此被称为"和平缔造者"

其他社会阶级的隔阂来解释农村嚼舌者打教师、司祭和区警察小报告的行为。

列夫·托尔斯泰本人是极度热爱人民的代表,很了解农民极不信任"老爷们",甚至不相信为他们提供的巨大帮助。他在《战争与和平》中讲述,玛丽雅·保尔康斯卡娅公爵小姐在拿破仑军队逼近其宅邸时,把主家的粮食交给农民,并让他们去她在莫斯科郊外的庄园,农民却很不信任对他们的这种关心:"瞧她说得多好听,要我们去给她当奴隶!毁了家,去当奴隶!"[1]他在长篇小说《安娜·卡列尼娜》中写道,农民不信任"老爷",深信老爷想要欺骗他们,只关心自己获利。[2]

短篇小说《一个地主的早晨》讲的是年轻公爵聂赫留朵夫想要改善农民的生活。他对他们讲话,表达对他们的忘我关心:"我自己准备牺牲一切,只要你们能满意和幸

---

[1] 〔俄〕列夫·托尔斯泰:《战争与和平》,草婴译,上海译文出版社1995年版,第968页。——译者注

[2] 〔俄〕列夫·托尔斯泰:《安娜·卡列尼娜》,草婴译,上海译文出版社1989年版,第421—425页。——译者注

福……"他这样说着,"不知道他这种热情并不能赢得人家的信任,特别不能赢得俄罗斯人的信任,因为俄罗斯人不尚空话而重行动,而且不善于表达感情,哪怕是美好的感情"。①

工程师Н.Г.加林(米海洛夫斯基的笔名)在回忆录《村居几年》②中讲到,他丢下差事在草原黑土带买了一处田庄,想要过自在日子,此外还想要提高农民的福利,教他们学会不要为生存斗争而彼此争抢财物,而要巧妙地利用丰厚的大自然。他在第一章中讲述农民在农奴制下受地主的残酷压榨。废除农奴制后田庄被商人买下,由管家打理。邻近的农民村社既没有足够的草地饲养牲畜,也没有林地,为满足村社需要而有求于富人田庄的管家,管家就狠狠地压榨他们。村社的富裕农民、富农与管家合谋,一起剥削贫苦农民。加林讲述的农民悲惨生活经历足以解释,为何农民对所有人都极不信任,尤其是那些他们搞不懂其生活和兴趣的社

---

① 《托尔斯泰中短篇小说选》,草婴译,上海译文出版社1986年版,第146页。——译者注

② *Собр. соч.* Т. IV. Изд. Маркса.

会集团。

　　契诃夫在短篇小说《新别墅》中传神地刻画出农民与有知识的人甚至那些真正同情他们并想改善他们生活的人的隔阂。兹拉托夫拉茨基的中篇小说《根基》尾声中有丽莎的几封信，她是一位热爱人民的女性知识分子，为服务百姓而当上一名乡村教师。她写道，农民不相信老爷会做善事。"如果他们不需要爱、思想和自我牺牲……如果爱、思想和自我牺牲不能与他们成为一体、休戚与共，那么，我在'根基'中有什么意义？"不幸的是，热爱人民的知识分子与农民彼此都不了解对方。司徒卢威在《俄国革命的历史意义》一文中写道：不具备政治权利的"知识分子在对国家的仇视中长大，他们同国家有隔阂；他们也在对曾为往昔奴隶的人民的理想化中长大，但由于自己与人民成长的政治和文化背景不同，知识分子并不了解人民"[1]。

　　知识分子生活在捷克和斯洛伐克时，看到完全不同于俄国的有文化的社会集团与农村人的关系。在捷克人和斯洛伐

---

[1] 文章载于司徒卢威《俄国社会和经济史》一书，第314页。

契诃夫（1860—1904），前期作品以中短篇小说为主，与法国作家莫泊桑、美国作家欧·亨利并称为"世界三大短篇小说家"，后期主要从事戏剧创作

克人那里，每个村子都有家庭走出医生、律师、教师、教授和司祭，并且这些有文化的人同自己在农村的父母和乡邻保持联系。相反，在俄国却是部分地由政府造成了人为隔离，把农民作为特殊阶层与其他社会集团隔开。

第六章 / 俄罗斯人的善良

1. 善良

突出的善良属于俄罗斯人的原初和主要特点之列。它被探索绝对之善以及相关的宗教性所支撑和加深。陀思妥耶夫斯基仔细观察过俄罗斯人，作出许多关于他们的思考，突出强调了俄罗斯人的善良。他在《作家日记》中给出善良的具体形象，讲述他九岁时有一次去森林里采蘑菇，刚钻进灌木丛，突然听到"狼来了"的喊声。"我也惊吓得不由自主地喊出声来，大声喊叫着向草地跑去，直奔耕地的农夫。

他是我们的农夫马列伊……这是一个五十岁上下的农民，身体结实，相当魁梧，暗褐色的浓密的大胡子中间已经有一缕白花花的胡须。我认识他，可从来还没有机会跟他说过话。他听到我的喊声就勒住了马，我飞跑过去之后，一只手抓住他的犁杖，另一只手握住他的衣袖，他立刻看出我的

第六章　俄罗斯人的善良

惊慌失措的神情了。

'狼来啦！'我气喘吁吁地喊道。

他猛然抬起头来，不由得向四周扫了一眼，刹那间他几乎相信了我的话。

'狼在哪儿？'

'有个人喊的……刚刚有个人喊过："狼来了！"……'我嘟哝说。

'你在说什么，你在说什么呀，哪儿有狼，那是你觉得好像有；你看！这里能有什么狼！'他自言自语地说，他在给我壮胆。可是我还在全身发抖，依然紧紧地抓住他的衣服，我的脸色大概很苍白。他安详地微笑着看了看我，看样子也在为我害怕和不安。

'你看，吓成什么样啦，哎呀！'他摇摇头。'算啦，亲爱的。看你这小伙子，哎！'

他伸出手来，突然摸摸我的面颊。

'嗯，够啦，嗯，画个十字吧，上帝保佑你。'可是我没有画十字；我的嘴角还在颤动，这似乎特别使他吃惊。他悄悄伸出自己那粗大的、沾着泥土的指甲黢黑的手指，轻轻抚摩了一下我的颤动着的嘴唇。

'哎，瞧你这样子'，他慈祥地、深情地朝着我微微一

笑。'上帝啊,瞧你,这是怎么啦,哎呀!'

我终于明白了,狼是没有的,'狼来了'的叫喊是我的幻觉……

'嗯,我走啦。'我犹豫地、怯生生地望着他说。

'好啦,走吧,我在后面看着你。我在这儿不会让狼碰你!'他接着说道,依然是那样慈祥地朝着我微笑。'嗯,基督保佑你,走吧。'他在我身上画了个十字,自己也画了个十字。我迈开脚走了,差不多每走十来步就回头看看他。在我走着的时候,马列伊一直牵着马站在那里,从后面望着我,我每一次回过头去的时候,他都向我点点头。"①

这幅画面出色地勾勒出俄罗斯人内心柔软,在平头百姓以及社会各阶层的人身上同样经常碰到。有人说,俄罗斯人本性属阴。这不是真的,俄罗斯人,尤其大俄罗斯人一支,在严酷的历史环境下建立了伟大国家,是极其阳刚的;但在他们身上尤其引人注意的是阳刚本性与阴柔的结合。谁在农村居住并同农民交往过,大概就会在脑海中浮现出对刚与柔

---

① 〔俄〕陀思妥耶夫斯基:《作家日记》(上),张羽译,河北教育出版社2010年版,第216—218页。——译者注

第六章　俄罗斯人的善良

这一美妙结合的生动回忆。

谢德林在流放维亚特卡期间曾在省长手下任职，出差去过许多地方并同人民交往。在《外省散记》中关于去修道院朝圣的人，他写道："我非常爱我们的美好的人民，对他们中间那众多的天性纯真而又善良的人们，我始终十分敬重。""所有这些人来到这儿都带着一颗纯洁的心，一无杂念地怀着满腔的虔诚，他们都许过愿要把这份心意敬献给无比公正、万人称颂的圣徒像。"[①]在塞瓦斯托波尔战役期间当局曾紧急招募新兵。一名新兵走进行路官员的木屋，谢德林写道："他的模样很讨人喜欢"；"有一种柔和的、半害羞和半腼腆的表情，这种表情几乎是我们普通百姓的公用品；在他那双蓝色的眼睛里看不到执拗的火苗或隐忍的怨气；相反，在这若有所思和左右顾盼的目光中跳动着他的一颗爱着的、柔顺的心灵，仿佛是说，他随时无条件地准备去命运指引的任何地方"。（《天真烂漫的故事》，第九章，《圣诞节的故事（摘自一位官员的途中笔记）》）

[①]〔俄〕萨尔蒂科夫-谢德林：《外省散记》，许庆道译，上海译文出版社1991年版，第148、151页。——译者注

俄国批判现实主义画家列宾于1870年至1873年间创作的油画《伏尔加河上的纤夫》，反映了俄国纤夫苦难的生活，表达了画家对底层人民群众悲惨生活的同情

第六章 俄罗斯人的善良

各阶层的俄罗斯人的善良还表现在不记仇上。陀思妥耶夫斯基写道："俄罗斯人不会长时间地认真地恨。"（《作家日记》，1876年，2月，Ⅰ，1）俄罗斯人狂热和爱走极端，经常感到对另一个人的强烈排斥，但在碰到他和有必要具体交往时，心就会软下来，不由自主地对他表现出内心的柔软，有时甚至为此责备自己，如果觉得这个人不值得好好对待。陀思妥耶夫斯基很看重俄罗斯人的怜悯心，它表现在普通人对待罪犯如同对待"可怜人"，想方设法减轻他们的不幸，尽管也认为他们应该受惩罚。兹拉托夫拉茨基很好地解释了百姓的这种行为。百姓无须任何哲学理论而用心感受到，犯罪是人心里早就有的损伤所致，犯罪行为是这种损伤的明显向外暴露，这种暴露本身是对内心偏离善的"惩罚"。

陀思妥耶夫斯基喜欢指出以下一点，俄国士兵在打仗时表现出对敌人的善良。他写道，在塞瓦斯托波尔战役期间，把受伤的法国人"先于自己的俄国伤员抬起来并送他们去进行包扎"，抬他们的人说："任何人都会来救助俄国人的，而法国佬嘛是外人，应该先可怜可怜他。""难道这里不正是基督在起作用，在这些心地忠厚的和宽大为怀的玩笑般说出的话语中不正有基督的精神？"1877年至1878年俄土战

17—19世纪俄罗斯帝国与奥斯曼帝国之间为争夺高加索、巴尔干、克里木、黑海等地进行了一系列战争。战争的结果是俄罗斯帝国扩大了疆土,奥斯曼帝国逐渐衰落。图为1696年俄罗斯军队围攻土耳其亚速海要塞

第六章 俄罗斯人的善良

争期间，士兵给在战斗中负伤和被俘的土耳其人喂饭："虽然他不是一个基督徒，但毕竟也是一个人。"一位英国报纸记者在看到这种情形时说："这是绅士们的军队。"[1]普什卡廖夫在关于俄罗斯人身上善和恶的上下限较为夸张的文章中引了英国人——佩尔斯教授、麦肯齐·华莱士和阿尔弗雷德·诺克斯——书中关于俄国人打仗时表现的重要引文。佩尔斯谈到"俄国农民朴实善良"："真正俄罗斯人的这些品质将在未来欧洲文明的最佳因素中占一席之地。"华莱士也写道："世上没有比俄国农民更心地善良和爱好和平的阶级。"诺克斯说道："俄国农民根本上是爱好和平的，是世界上最少帝国主义性的。"[2]

善良是俄罗斯人的主要特点之一，观察过苏联现实的外国人也见证了这一点。奥地利德意志人奥托·贝尔格1944年至1949年在俄国做了俘虏，写了《不会笑了的人》一书。他

---

[1]〔俄〕陀思妥耶夫斯基：《作家日记》（下），张羽、张有福译，河北教育出版社2010年版，第739、847页。——译者注

[2] Pares B. *Day by day with the Russian Army*. London, 1915. P. 99; Sir Mackenzie Wallace Donald. *Russia*, 1912. P. 113; Sir Knox Alfred. *With the Russian Army*, 1914—1917. T.1. P. 34.

俄罗斯人的性格
Характер русского народа

写道,住在莫扎伊斯克附近时,战俘们明白了"俄国人是怎样特殊的人。所有工人,尤其是妇女,待我们如同需要帮助和保护的可怜人。有时妇女们拿走我们的衣服和被褥,送回来时都已经烫平、洗净和缝好。最使人吃惊的是,俄国人自己生活得穷困潦倒,本应打消他们身上帮助我们这些昔日敌人的愿望"[1]。

俄罗斯人的善良摆脱了多愁善感,也就是摆脱了陶醉于自我情感和虚情假意,它直接把其他存在接纳到自己心里,像保护自己一样去保护。列夫·托尔斯泰在《安娜·卡列尼娜》中出色地刻画出谢尔巴茨基公爵浑朴善良的性格,以及他对施塔尔夫人虔信主义的嘲讽态度。他的女儿,吉娣,对施塔尔女士的学生华仑加说道:"我只能凭良心过日子,可您的生活循规蹈矩。我喜欢您就是喜欢您,而您喜欢我恐怕只是为了要挽救我,开导我!"[2] "凭良心"塑造出俄罗斯人的心灵开放和容易与人交往,交往朴实而无约定俗成和

---

[1] 引自《复兴》杂志(1949年第6期,第168页)。
[2] 〔俄〕列夫·托尔斯泰:《安娜·卡列尼娜》,草婴译,上海译文出版社1989年版,第297页。——译者注

第六章 俄罗斯人的善良

外带礼节，同时却有天生细腻优雅而成的礼貌。"凭良心过日子"，而不是循规蹈矩表现为对任何其他人的个性的个体态度。由此在俄国哲学中产生出对具体伦理学而不是对法律伦理学的兴趣。弗·索洛维约夫的《善的证明》、维舍斯拉夫采夫的《费希特伦理学》、别尔嘉耶夫的《人的使命》和尼·洛斯基的《绝对之善的条件》可以作为例子。

俄罗斯人以及一切斯拉夫人不仅看重人，而且看重一切对象。这一点表现在斯拉夫语言有大量指小、指大和表卑的称呼。指小表爱的称呼尤其广泛多样。人名中有大量这种称呼：伊万——万尼亚、万涅奇卡、万纽沙；玛丽亚——玛尼亚、玛莎、玛涅奇卡、玛申卡、玛舒特卡。许多不是人名的词也能构成表爱、指小、指大和表卑的形式，例如，房子——小房子、大房子、小破房子。指小表爱的称呼可以由各种不同的方式构成，例如，脑瓜子、脑袋瓜儿、石头子儿、小船儿、圈圈、小箱子、发丝、发丝儿。不仅名词，其他词也可以有指小表爱的形式，例如，形容词亲亲的、美滋滋，副词边儿上、直愣愣。

积极品质往往有消极的方面。俄罗斯人的善良激起他有时候说谎，出于不愿意伤害对方，或出于不惜一切地想要息事宁人。勒格拉援引 Γ.诺曼的观察写道，俄国农民有时出于好心而说谎。① 还要指出的是，想象力过于活跃可能是俄罗斯人说谎的原因，在《俄罗斯人的天赋》一章将要谈到这一点。陀思妥耶夫斯基写了一整篇颇具嘲讽意味的文章来谈俄罗斯人吹牛，他写道："我们的大多数人是出于礼貌而吹牛。希望唤起听话人的审美感受，使听话人得到愉快，甚至可以说，吹牛是把自己奉献给听话人。"②

2. 俄罗斯妇女

俄罗斯妇女的高贵品质不仅被俄国人也被外国人所公认。我们举几个例子从不同方面来描绘俄罗斯妇女。17世纪值得注意的人物是女贵族莫罗佐娃，她受大司铎阿瓦库姆的影响投身旧礼仪派分裂运动。莫罗佐娃绝不只是恪守宗教仪式和表面的虔诚之徒。她以在基督里的生命而著称，鄙视自己名门贵妇的特权地位，照顾病人，为他们干最脏的活儿，慷慨地施舍，让自己的豪宅住满穷人和朝圣者。任何使她放

---

① Legras J. *L'âme russe*. P. 163.
② 〔俄〕陀思妥耶夫斯基：《作家日记》（上），张羽译，河北教育出版社2010年版，第140页。——译者注

苏里科夫的画作《女贵族莫罗佐娃》，以17世纪俄国宗教分裂为题材，描写了尼康大主教的反对者、女贵族莫罗佐娃被流放的情形

弃旧礼仪派运动的企图，无论威逼还是利诱，都未能奏效。她和姐姐乌鲁索娃公爵夫人一起在地牢里度过许多年，直到死去，条件之恶劣使人不忍卒读。历史学家和小说家莫尔多夫采夫在长篇小说《大分裂》中生动地刻画出莫罗佐娃的一生。在这部小说中现实情景描绘得很真实，这一点从谢·米·索洛维约夫的《俄国史》（第13卷第1章）中的相关讲述看得出来。大司铎阿瓦库姆的妻子同样表现出巨大的精神力量，她和丈夫一起承担生活中的艰难困苦，无论在欧俄地区，还是在西伯利亚。

　　18世纪值得注意的是纳塔利娅·波里索夫娜·多尔戈鲁卡娅公爵夫人（1714—1771），在娘家时她被称为谢列梅捷娃伯爵小姐。她和伊万·多尔戈鲁基公爵订有婚约。多尔戈鲁基公爵在安娜·伊凡诺夫娜当政时失宠。纳塔利娅·波里索夫娜不顾亲朋好友的劝说，忠于自己的未婚夫，嫁给他并跟随他流放到西伯利亚。多尔戈鲁基公爵从西伯利亚被转解至诺夫哥罗德，在那里被残忍杀害。他的妻子纳塔利娅·波里索夫娜当时已在基辅出家。她在笔记中这样描写自己的命运："请来评断一下，当他高贵时，我欣然嫁给他，而当他倒霉时，我却拒绝他——我又怎能心安理得，良心上又怎能清白？我不能听这种没良心的劝告；我的主意已定，爱一个

第六章 俄罗斯人的善良

人就要同生共死，别人已经和我的爱无缘。我没有这种今天爱一个、明天爱另一个的习惯；现世是这种爱情，而我向世人证明，我在爱情中忠贞。一切厄运我与丈夫共同承担；我讲一句最真的话，在遭遇各种患难时我从不后悔嫁给他，也不以神为愚妄（引自《约伯记》）。"[1] 涅克拉索夫在诗歌《俄罗斯妇女》中歌颂十二月党人的妻子，她们跟随被判苦役的丈夫前往西伯利亚。

普希金在他喜爱的达吉雅娜（"意中人达吉雅娜"）形象中刻画出俄罗斯妇女固有的崇高爱情观以及勇于担责的品质。在羞臊俄罗斯男人时要指出，他们中有人为达吉雅娜回绝了叶甫盖尼·奥涅金而感到遗憾，奥涅金很晚才意识到她的价值。他们不理解她的崇高爱情理想。达吉雅娜看重个体的个人的爱，也就是把所爱之人的全部个体独特性接纳到心里。[2] 她明白，叶甫盖尼·奥涅金对她迟到的迷恋不是由这种深刻的爱所引起，而是由于她在社交场合光彩动人、举止得体等外表魅力给他留下的印象。

---

[1] Соловьев С.М. *История России*. Т.IV. С.1161.
[2] 关于这种爱，参看笔者的《绝对之善的条件》一书第10章。

> 可如今！——是什么促使您投到
> 我的脚下？多么荒唐的事！
> 您怎会成为卑微感情的奴隶，
> 枉有这样的心灵和才智？①

不仅普希金，俄国其他大作家也给出俄罗斯妇女道德力量的难忘形象。回想一下冈察洛夫笔下想要拯救奥勃洛摩夫的奥尔迦·伊林斯卡娅，以及《悬崖》中希望重塑虚无主义者马尔克·沃洛霍夫的薇拉。许多评论屠格涅夫创作的人都指出，屠格涅夫笔下的女性有出众的性格：《活干尸》里的卢凯里娅，长篇小说《卢亭》里的纳塔利娅，《贵族之家》里的丽莎，《前夜》里的叶莲娜。《战争与和平》里的玛丽雅·保尔康斯卡娅公爵小姐的形象非常美好。陀思妥耶夫斯基笔下值得注意的是自我奉献的受苦人索妮娅·马尔梅拉多娃，她跟随拉斯科尔尼科夫前往西伯利亚，并最终帮助他克服骄傲；韦尔西洛夫的妻子索菲娅·安德烈耶夫娜同样

---

① 《普希金文集·叶甫盖尼·奥涅金》，冯春译，上海译文出版社1991年版，第260页。——译者注

值得注意。关于这两名妇女的性格，在著名天主教神学家罗马诺·瓜尔蒂尼的《人类与信仰》（*Der Mensch und der Glaube*）一书中能够找到有价值的评论。①

除这些例子以外还要补充上俄罗斯保姆的形象，她们温柔地、忘我地爱着被照管的儿童，对他们的宗教生活施加有利的影响，讲童话故事发展儿童的想象力。普希金的保姆阿利娜·罗季昂诺夫娜是这样的人。叶夫根尼·特鲁别茨科伊公爵谈到他们家里有这样一位保姆。他还讲述她怎样监督他们在教堂里的表现，看出他们做礼拜不用心，说司祭本人都批评他们："哼哼唧唧，大声嚷嚷，打哈欠，小声嘀咕。"②什梅列夫在中篇小说《莫斯科来的保姆》中描写了这样一位保姆。谢尔盖·沃尔孔斯基公爵在回忆俄罗斯保姆时写道："你们这些小辈不知道，你们不知道这是怎么回事。在质朴中有多少礼数，在谦虚中有多少矜持，在大字不识中多么有教养！她们，俄罗斯保姆，从民间土壤的深处向

---

① 关于她们两个以及关于拉斯科尔尼科夫、关于索妮娅·马尔梅拉多娃对他的影响，参看笔者的《绝对之善的条件》一书。

② Трубецкой Е. *Воспоминания*. София,1921.

外凿出多少孔泉眼，爱、忠贞、生活智慧和宗教坚定的泉眼！"①这样一些俄罗斯嬷嬷在行为中表现出俄罗斯人在宗教性以及对人尤其对孩子的爱等方面有很高天分，包括内容丰富的才智和想象力以及对自己优点的朴素意识。

高尔基在自传中讲述自己的外祖母，给出一位善良的宗教感很深的俄罗斯妇女的美好形象。"是她那对世界无私的爱丰富了我，使我充满了坚强的力量以应付困苦的生活的。"她不为自己操心，也没有毒害许多人生命的带刺的自尊心。她在乘坐伏尔加河轮船时讲童话故事。听她讲故事的是"水手们（一群长胡子的和蔼的男人）"。她的女儿，高尔基的母亲，对她说："人家笑您呢，妈妈！""管他们呢！"外祖母满不在乎地回答。"让他们笑去吧，让他们笑个痛快！"②高尔基外祖母的祷告非常独特：她一五一十地对上帝讲那些生活中的烦心事。

俄罗斯妇女在爱上以崇高的生活目标吸引她的人后，能

---

① Волконский С. *Последний день. Роман-хроника.* С.478.
② 《高尔基文集》第十五卷，人民文学出版社1985年版，第13、14、15页。——译者注

俄罗斯画家伊万·尼古拉耶维奇·克拉姆斯柯依创作的油画《无名女郎》，塑造了一位19世纪俄国新时代女性的完美形象

勇敢地克服障碍，不害怕失去从前在父母家中的优裕生活。她们同时表现出爱好自由和不受成见左右。从19世纪60年代起，俄罗斯妇女开始执着地追求与男子一样受高等教育。政府不允许她们上大学，她们中许多人于是去瑞士和德国上大学。19世纪最后25年，在俄国有大学的城市创办了私立高等女子学校，之后创办了医学院、工学院等。在这些学校里学习的都是女学生。

舒巴特关于俄罗斯妇女写道："她和英国女人一样爱好自由与独立，却不愿变成女学究。她和法国女人一样精神活跃，却不奢求思想深刻；她具备法国女人的良好品位、对美和优雅的同样理解，却不会变成虚荣、讲究衣饰的牺牲品。她具备德国主妇的美德，却不会永远埋在餐具堆里；她具有意大利女人的母性，却不会像猴子似的多情。"（《欧洲与东方的心灵》，第85页）格雷厄姆在《不为人知的俄国》一书中写道，俄罗斯妇女永远"站在上帝面前；俄国凭借她们而强大"（第326页）。

3. 残忍

善良是俄罗斯人的主要性格特征。但在俄罗斯人的生活中也有不少残忍的表现。有许多种类的残忍，令人费解的是，其中某些甚至存在于本性并不凶恶的人的行为中。残忍作为一种震慑罪犯的手段，是这种现象的种类之一。俄国农民从前认为偷盗马匹是十分严重的罪行之一：丢失马匹的结果可能是贫困，全家挨饿致死。因此，农民在抓到盗马贼后，有时不仅要打死他，还要先残忍地拷打一番，以儆效尤。

从前，大约在19世纪70年代以前，一种可悲的现象是俄国人把鞭打儿童作为教育手段。儿童在家里、小学和中学都遭到鞭打，尤其在宗教学校被打得更狠。高尔基有一次被外祖父打得失去了知觉，病得好几天起不来床。看来，外祖父自己也明白打得过重：他给病孩子"带来礼物"，似乎在为自己的行为道歉，说道："你以为我没有挨过打吗？"[①]并讲述了他在伏尔加河上当纤夫时挨的打。

农民行为中的许多消极方面可以用他们极度贫困来解释，他们忍受大量不公正、冤屈和压榨，变得极端凶恶。政论家尼古拉·瓦西里耶维奇·谢尔古诺夫（1824—1891）以

---

① 《高尔基文集》第十五卷，人民文学出版社1985年版，第31页。——译者注

高尔基（1868—1936），其早期作品多反映俄国沙皇制度下人民的痛苦和他们对美好生活的向往。十月革命后积极参加社会主义文化活动，曾任苏联作家协会主席

下的观察能够给出关于农民贫穷的一些情况。"在斯摩棱斯克省农民运到磨坊的粮食简直不好意思抓在手里:净是些土坷垃、谷糠和各种麸皮,看不见麦粒。'瞅瞅你带来些啥?这怎么能磨?'有人对农夫说,可他却善意地嘲讽道:'人又不是猪——能咽下去。'"① 夏天大忙季节干活儿紧张时,他们就设法吃点好粮食,而在冬天没有活儿干时,就吃谢尔古诺夫描述的这种糠皮,否则不等新粮下来就会断顿。农民住在拥挤不堪、爬满蟑螂和臭虫的简陋木屋里,为让全家和自己不彻底丧命而焦头烂额,会变得极端凶恶和兽性大发。例如,陀思妥耶夫斯基写道,"农夫把车装载得过分沉重,抽打陷进泥泞的老马……用鞭子抽它的眼睛"②,他自己也像这匹老马一样被压迫。阿普捷克曼在当医士期间观察到农民好的品质,也像陀思妥耶夫斯基一样解释"百姓的残忍"。例如,他写道,母亲带女儿来诊所看病,"被她那因穷困、痛苦和伏特加而发疯的丈夫打得遍体鳞伤"(《革命

---

① Шелгунов Н.В. *Собр. соч.* Т.Ⅲ. *Очерки русской жизни.*
② 〔俄〕陀思妥耶夫斯基:《作家日记》(上),张羽译,河北教育出版社2010年版,第198页。——译者注

民粹派史料》，第106页）。

尤其令人气愤的是，在农民的日常生活中丈夫有时殴打妻子，经常在喝醉酒之后。高尔基在自传中描写了这种殴打的情景。柯罗连科被流放到维亚特卡省别廖佐夫新开屯时住在农民的木屋里，观察到懒汉家中的女人的沉重生活。他在那里看到丈夫殴打妻子。农妇在被他保护下来后，讲述她在生活中曾四次遭丈夫毒打，从高板床被踹到地上，不顾她怀有身孕。①

直到19世纪最后25年以前，商人、小市民和农民的家庭生活方式还是家长制。一家之长的独断专行经常表现在近乎残忍的行为中。高尔基的自传给出关于这种家庭生活特点的生动介绍。契诃夫在小市民环境中度过的童年生活同样艰难。他的父亲和祖父是暴君。他们尤其爱用履行宗教礼仪的过分要求和在教堂祷告来折磨孩子。契诃夫痛恨宗教教育。他在一封信中写道，"我现在没有宗教"；宗教在他看来像招牌一样——从外面看笑容可掬，招牌后面却是折磨和拷

---

① Короленко В.Г. *История моего современника*. М., 1938. Кн.II.Г.I.

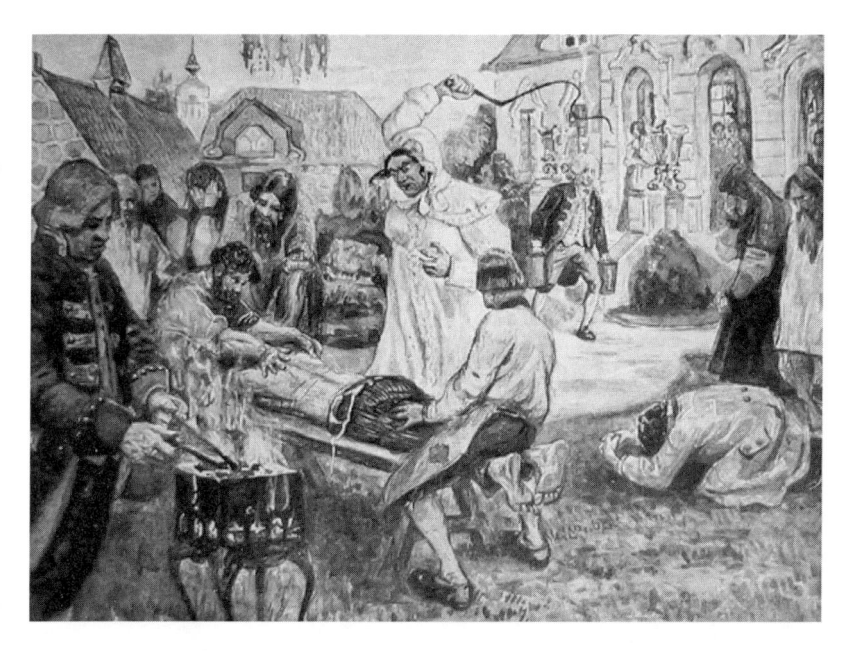

黛雅·索特伊科娃出生在一个古老而富裕的俄罗斯贵族家庭，在被情人背叛后，她在对仆人和农奴的折磨过程中，内心得到了极大的满足

打。他的父亲和祖父经常抽打孩子。契诃夫写道,"我不能原谅父亲抽我","我的童年没有童年"。[1] 毫不奇怪,契诃夫在儿时是一个有宗教感的男孩,却失去宗教并代之以对进步的幼稚信仰。

俄罗斯人生活中的一个典型现象是商人阶层的任性胡闹。我们借奥斯特罗夫斯基的喜剧而知道19世纪中叶商人生活的准确情况,奥斯特罗夫斯基在年轻时观察过商人的生活和习气,他的父亲曾是商人和小市民代理出庭人,而他本人后来也在感化法院和莫斯科商业法院任职。[2]

在喜剧《自己人好算账》中,商人萨姆松·西雷奇·博尔绍夫不顾及女儿莉波奇卡的意愿,打算把她嫁给管家波特哈留津:"我让嫁谁就嫁谁。我的儿,我想干啥就干啥。"在喜剧《贫非罪》中,商人戈尔杰·卡尔贝奇·托尔佐夫想要从外省城市去莫斯科蒙人。"我一个人坐四辆马车去",

---

[1] 参看弗·叶尔米洛夫内容详细的专著《契诃夫》(1949年第2版)。
[2] 亚·伊·列维亚金的《奥斯特罗夫斯基》(莫斯科,1949年)一书包含奥斯特罗夫斯基生活和创作的详细情况。书中纠正了以前出版的奥斯特罗夫斯基传记中的许多错误。

第六章 俄罗斯人的善良

他信口说道。尤其令人叫绝的是喜剧《无端遭祸》中的商人季特·季特奇·布鲁斯科夫。他不是在说话，而是在嚎叫："纳斯塔西娅！谁敢欺负我吗？"纳斯塔西娅·潘克拉季耶夫娜答道："基特·基特奇老爷子（有口音），没人敢欺负您。您倒是谁都欺负。""我欺负人，也会哄人，花钱了事。我这辈子没少为这个花钱。"生活在这种暴君和任性胡闹者当中不仅是喜剧，而且是悲剧的来源。例如，《大雷雨》中的年轻姑娘卡捷琳娜用自杀来反抗压迫。

如何解释一些严重的、有时看似完全荒唐的任性胡闹行为呢？例如，一伙喝多了的人开始在豪华餐厅里砸贵重餐具、镜子，抄起什么砸什么。无论多么令人奇怪，这种行为反映出爱好自由的原始形式。当一个人把自由作为构成每个个性的生命基础的原则来热爱时，对自由的爱才具有崇高特点。这种人关心的与其说是自己的自由，不如说是不限制别人的自由，把自由作为社会生活的原则来捍卫。在严重自私的人身上爱好自由只反映在要求"别违拗我的性子"。财富使这种人为所欲为，任性胡闹，首先压迫那些和他最近的人、家庭成员以及所有受他辖制的人。奥斯特罗夫斯基作为大艺术家，揭示出任性胡闹者的行为动机。在喜剧《好景不常》中商人阿霍夫说道："财富有什么好的呢？好就好在：

想要什么，只要一想——就是你的。"他60岁出头，却想娶一位20岁的姑娘，并对她说："我想干什么，就干什么；我什么都能干，我这人能耐大。"在习惯满足自己的欲望后，任性胡闹的人有时自己也不知道，过几分钟他想要干什么。富有的承包商赫雷诺夫在喜剧《心血来潮》中说："你凭什么知道我的心，连我自己都不知道，这得看我有没有心情。"

前面已经谈到，俄罗斯人的意志力还表现在以下方面：俄国人注意到社会上有某种缺陷并加以谴责后，便开始坚决与之抗争并取得成功。家庭专制借奥斯特罗夫斯基的喜剧而成为笑柄。杜勃罗留波夫的批判和政论在与家庭专制抗争中同样重要，例如，他在《黑暗王国》《黑暗王国的一道光线》等文章中捍卫个性尊严，揭露任性胡闹行为实为道德低下。奥斯特罗夫斯基早在19世纪70年代后半期刻画出这样一些商人，他们的言行见证着这一群体开始欧化。博博雷金稍后在长篇小说中指出商人阶层和俄国企业主文化水平的提高。19世纪末和20世纪，他们中出现了文化修养很高的慈善家，例如，萨瓦·马蒙托夫，他创办私立歌剧院，向公众开放俄罗斯音乐瑰宝。俄国社会的家庭生活方式摆脱了专制，获得某种民主的特点。

第六章 俄罗斯人的善良

俄国社会开始同样坚决地反对在家庭和学校里施用体罚。著名外科医生皮罗戈夫早在1858年开始发表谈教育的文章，谴责施用体罚。杜勃罗留波夫更加坚决地反对这一野蛮行为。俄国社会，无论父母还是儿童，都对此表现出异常敏感，把体罚看作对个性的粗暴侮辱。这种教育方式被彻底清除出学校，在家庭生活中鞭打也成为罕见现象。教育问题成为俄国社会热切关注的对象。皮罗戈夫、乌申斯基、沃多沃佐夫、斯托尤宁、列夫·托尔斯泰等教育家的重要著作在书刊中出现。在谢·约·盖森出色的《教育学原理》一书中对比了皮罗戈夫和托尔斯泰的教育学理念。在生活中探索新的教育和培养方式体现在创办私立模范中学上。例如，彼得堡的玛·尼·斯托尤宁娜（弗·雅·斯托尤宁的遗孀）中学和柳·斯·塔甘采娃领导的捷尼舍娃中学，莫斯科的波利瓦诺夫中学和阿尔费罗夫家族学校，基辅的阿·弗·热库利娜中学。关于这种学校的有价值的材料包含在奥·弗·凯丹诺娃的《俄国和苏联国民教育史概要》一书中（两卷本，1938—1939年）。

俄国大学被视为教育科研机构：教授应该不仅是本学科的教师，而且是能进行独立研究的学者。圣彼得堡和莫斯科两所首都的大学在20世纪可与最有名的西欧大学相媲美。

圣彼得堡国立大学是俄国第一所大学，于1724年由彼得大帝敕令创建。图为圣彼得堡国立大学的码头

第六章 俄罗斯人的善良

政权机关的残忍是一种非常独特的现象。政权机关，尤其警察和军人，严厉和毫不留情地执行国家的命令。他们的这种行为不是自身残忍的表现：当一个人作为国家仆役出现时，国家本身借由其意志和情感起作用，因此他的意志和情感等个人特点就会退到后排，变得几乎看不到。列夫·托尔斯泰在《战争与和平》中出色地刻画出个人在执行他充当器官的、凌驾于个人之上的机关命令时所发生的这种深刻变化。皮埃尔·别祖霍夫在莫斯科被法国人俘虏，得到他们的尊敬，甚至同军官和士兵都相处融洽。在法国军队撤离莫斯科回国前夕，皮埃尔放心不下一个被俘的病得很重的俄国兵。管理皮埃尔所在战俘队的上尉和班长都与他要好。他和班长谈起生病的士兵。班长殷勤地给他让烟，说长官会考虑好一切，皮埃尔因此不必为生病的士兵担心。他还说道："再说，基里尔先生，您只要对上尉说一声就行，要知道……他这人……什么事都记在心上。等上尉来巡视时，您对他说一声，他什么都会替您办到……"[①]

[①]〔俄〕列夫·托尔斯泰：《战争与和平》，草婴译，上海译文出版社1995年版，第1323页。——译者注

第二天开始撤离时,前一天请皮埃尔抽烟的班长走进战俘住的棚子。他要清点俘房人数。皮埃尔走到他跟前问:"班长,病号怎么办?……"班长一身行军装束,皮埃尔刚开口就犹豫起来,"不知对方是不是他所认识的班长,还是别的陌生人,因为此刻班长的模样大变了"。不仅外表,他的整个行为都发生了深刻变化。"班长听了皮埃尔的话皱起眉头,莫名其妙地骂了一句,砰地一声关上门走了。""来了!……又来了!"皮埃尔说道。"脊背上不由得掠过一阵寒颤。从班长变了色的脸上,从他的语气里,从震耳欲聋的紧张鼓声里,皮埃尔听出那强迫人们去残杀同类的无情的神秘力量,也就是上次行刑时他感受到的那种力量。害怕这种力量,竭力逃避它,向成为这种力量的工具的人哀求或劝告,都是没有用处的。这一点皮埃尔现在懂得了。只能等待,只能忍耐。""棚子门打开了,俘房们像一群绵羊争先恐后地向门口挤去,皮埃尔抢到他们前面,走到上尉跟前,他就是班长说过愿为皮埃尔尽力的那个上尉。上尉也是一身行军装束。从他那冰冷的脸上,皮埃尔认出了班长的语气和鼓声里所表示的那种力量。'走,走,'上尉说,板着脸,瞧着聚集在他旁边的俘房。皮埃尔明知不会有什么结果,但还是走到上尉面前。'哦,还有什么事?'上尉冷冷地回头

第六章 俄罗斯人的善良

瞧了瞧,仿佛不认识似的。皮埃尔提到那个病号。'他也得走,真见鬼!'上尉说,'走,走,'他眼睛不看皮埃尔,继续说。'不行,他快死了……'皮埃尔刚开口说。'走开,走开!'上尉恶狠狠地皱着眉头,嚷道。咚咚咚……咚咚咚!鼓声震天。皮埃尔明白,那种神秘的力量已完全控制了这些人,现在再说也没有用。"①

俄国与一切其他国家一样,在大多数情况下严厉和不容违抗地推行其命令,尤其是同犯法或企图破坏国家制度的人打交道时。但俄罗斯人的善良也经常表现在这些情况下。革命者和其他被判苦役或流放的人的回忆录讲了许多关于警察和宪兵好心待他们的情景。杰博戈里-莫克里耶维奇写道,宪兵在坐火车押送时从小卖部搞来吃的,"劝我们不要拘束,想要什么尽管张口,除了酒以外"(《回忆录》,第348页)。柯罗连科在四卷本自传《我的同时代人的故事》中写道:"在我的这些回忆的暗淡背景下,不时像火星一样闪现着,也还会闪现出坏地方的好人们出人意料的人性表

---

① 〔俄〕列夫·托尔斯泰:《战争与和平》,草婴译,上海译文出版社1995年版,第1328—1330页。——译者注

165

俄罗斯人的性格
Характер русского народа

现。"他并且详细讲述上沃洛乔克政治犯监狱典狱长拉普捷夫怎样好心,还讲到第三科的一个宪兵,这个人"故作严厉地呵斥,不准说话,过后悄悄告诉了我兄弟的情况"①。接着他仔细讲述了彼尔姆省省长叶纳基耶夫如何善良(第3卷第3部),在第4卷谈到好心的奥廖克明斯克县警察局长。《怪女人》整个故事讲的是一个宪兵的行为,他对流放到这里的生病的女革命者心生怜悯,几次冒着受处分的危险来探望她,想要知道她的情况,尽管她像看"敌人"一样恶狠狠地看着他。

陀思妥耶夫斯基在《卡拉马佐夫兄弟》中刻画出俄罗斯人甚至在执行公务时也表现出善良的生动具体形象。县警察局长米哈伊尔·马卡罗维奇在莫克罗耶逮捕德米特里·卡拉马佐夫和第一次讯问他时,对格鲁申卡一通猛轰,认为她是德米特里放荡行为的罪魁祸首,但很快,他听到德米特里供述的语气,并看到德米特里和格鲁申卡彼此真挚爱情的流露,完全改变了自己的做法。他开始慈父般地安慰德米特

---

① Короленко В.Г. *История моего современника.* М., 1938. Кн.Ⅲ.Ч.Ⅱ.Г.Ⅴ. *Хороший человек на плохом месте.*

第六章 俄罗斯人的善良

里和格鲁申卡,注意不让情绪激动的德米特里招错供词。陀思妥耶夫斯基生动地刻画出俄罗斯人的心灵开放和善于走进别人内心,我在《俄罗斯人的高级经验能力》一章中讲过这一点。

当19世纪70年代"到民间去"运动开展起来时,政府感到非常害怕,开始用极其粗暴的手段迫害这场运动的参与者,不仅采取合法的司法调查,而且不经正当审判滥下行政命令甚至处罚。杰博戈里-莫克里耶维奇讲到,警察逮捕他时,让他的父亲、母亲和兄弟立下不出村的字据(《回忆录》,第118页)。许多人不是按法院判决,而是按警察命令被放逐到"边远地区"。沙皇本人也参与其中:车尔尼雪夫斯基在服满法院判的7年苦役后,按沙皇命令被发配到雅库特州维柳伊斯克的监狱内居住。法院施加的惩罚往往过于严厉。在被判死刑的案件中,有人参与革命运动的程度低,根本不应遭受如此判决,例如,捐钱给革命者的富裕地主利佐古布。① 杰博戈里-莫克里耶维奇写道,军事法官亲临死刑

---

① 关于利佐古布的情况,参看克拉夫钦斯基-斯捷普尼亚克的《地下俄国》一书。

167

现场时都面色惨白、低头站着,他们感到羞愧;在场的军官都感到义愤(上引书,第337页)。

毫不奇怪,对沙皇是仁义之源的信仰甚至在农民身上也逐渐消失。柯罗连科写道:"沙皇亲自打破了靠人民的想象力世代编织起来的专制制度浪漫神话。"(《我的同时代人的故事》,第3卷,第53页)以下观察能够证实这种情况。1909年我们家租了伊万·伊里奇·彼特龙凯维奇位于特维尔省新托尔若克县马舒克田庄的别墅度夏。我们在托尔若克雇了一名农民马车夫。我看见一片小破木房子中有一座灰突突的石头建筑,便问车夫这是哪里。"罗曼诺夫行宫",车夫答道,"监狱"。

但也不应夸大专制政权的缺陷。不了解俄国文化的人通常会以为,俄国专制制度是暴政,俄罗斯国家生活是野蛮的。这是严重的谬误。如果在西欧出现像俄国50年间那样紧张的革命运动,许多西欧国家的政府也会惊慌失措,也许会犯下比俄国政府更严重的错误。以下数字能够说明政府不得不与极端的敌人作斗争的情况。1907年社会革命党恐怖分子杀害了2 543名政权机关代表,而政府处决人数最多的一年是

1908年，处决了782人。①

尽管政府有个别错误，俄罗斯国家生活总的特点却远非暴政。斯利奥兹贝格关于俄国的书揭示出俄罗斯国家制度在专制下，也就是在1905年以前的准确情况。这本犹太律师写的书极有价值，因为它使人看到，俄罗斯国家制度在专制政权下的积极方面。

---

① Vernadsky G. *A History of Russia*. P. 194.

第七章 俄罗斯人的天赋

1. 多才多艺

俄罗斯人以其多方面的才能使人惊叹。他们固有很高的宗教天分，高级形式的经验能力，观察力，理论和实践才智，创造悟性，发明力，对美的细腻感知以及相关的艺术才能，这种才能既体现在日常生活中，也体现在创作伟大的艺术作品当中。

俄罗斯人的主要特点——探索绝对之善——是经验多样化和各种才能演练多面性的来源，由此自然产生出精神的丰富发展与才华横溢。关于俄罗斯人的宗教天分和高级形式的经验能力在本书第一、二章中有详细论述。我们现在来谈俄罗斯人的才智和艺术问题。

俄国在彼得大帝时期才融入西欧文化，并且异常迅速地掌握了这种文化，开始在该领域创造性地崭露头角。早在18

第七章 俄罗斯人的天赋

世纪已出现像罗蒙诺索夫这种多方面的天才,他是渔民的儿子,出生在白海边尤其严酷的生活条件下。19世纪俄国会聚了各知识领域的杰出学者。我仅指出其中几位举世闻名的人物:数学家洛巴切夫斯基、米·瓦·奥斯特罗格拉德斯基、帕·利·车比雪夫,发现光压的物理学家彼·尼·列别杰夫,彼·列·卡皮察,化学家门捷列夫和伊帕季耶夫,晶体学家和矿物学家叶夫格拉夫·斯捷潘诺维奇·费奥多罗夫,弗·伊·韦尔纳茨基(生物圈及其法则),土壤学创始人多库恰耶夫,生理学家伊·彼·巴甫洛夫,谢·尼·维诺格拉德斯基,[1] 国家法专家鲍·尼·契切林,历史学家卡拉姆津、谢·米·索洛维约夫、克柳切夫斯基、普拉东诺夫,罗马史和希腊化时期历史研究者和考古学家米·伊·罗斯托夫采夫,哲学家弗·谢·索洛维约夫。俄国布罗克豪斯和叶弗龙《百科词典》里的精湛词条是俄国科学各领域具有很高水平的有力证明。布尔什维克革命以后,俄国侨民的子女在各个国家的各所学校中能力和成绩都名列前茅。

---

[1] Рязановский В.А. *Развитие русской научной мысли в XVIII—XX столетиях (наука о природе)*. 1949.

门捷列夫(1834—1907),俄国科学家,化学元素周期律的发现者之一,制作出世界上第一张元素周期表,并据此预见了一些尚未发现的元素

第七章 俄罗斯人的天赋

俄罗斯人的实践才智表现在19世纪下半叶工业和工艺迅速和卓有成效的发展上。一些重要的发明出自俄国人之手，例如，回想一下电工技师帕维尔·尼古拉耶维奇·亚布洛奇科夫（1847—1894），无线电报发明者亚历山大·斯捷潘诺维奇·波波夫，以及兹沃雷金（电子显微镜和参与研制电视）。就连外国人也早就注意到俄国农民和工人心灵手巧。弗·达里在《俄罗斯人的谚语》一书中搜集的谚语和俗话很好地反映出俄罗斯人的实践才智。

对美的热爱和细腻感知在俄罗斯人身上表现为，甚至完全没有文化的人也能看到大自然的美。谢德林讲述同一位70岁退伍老兵的谈话，老人正去阿封山，顺便谈起奇迹来。"如若上天有意，世上没有不能发生的奇迹！只是要人相信挺难，因为先得他本人心里装着最大的老实才行——到了那个时候，什么东西都会自个儿显示在他的眼前啦。有人虽说聪明非凡，可是，比方说吧，他走在田野里，却什么都察觉不出来。因为在他眼里，左右上下，草叶儿草秆儿——全是平常不过的东西……可有的人老实厚道心术正，不但上下左右看得清，还能听见天使的声音，瞧见凡人见不到的仙女。""上帝的鸟儿唱着歌儿给你听，柔和的小风儿一阵阵吹得你脑袋凉丝丝的，树叶儿在你耳朵根边轻轻地沙沙响着……你呀，心中会这么快活，这么无思无欲，甚至能落下热泪！"①

《朝圣者向忏悔神父的告白》讲的是一位农民朝圣者的宗教经验，传达的正是这种对大自然的感知。什梅列夫在中篇小说《朝圣》中讲的也是这种对美的洞见。能够想到，陀思妥耶夫斯基在着力刻画普通人视大自然为神的荣光时，不仅表达出自身感受，而且也在俄国农民身上观察到它们。在《少年》中朝圣者马卡尔·伊万诺维奇这样讲述大自然，在《卡拉马佐夫兄弟》中佐西马长老讲述一名青年农民同他一起对大自然的这种所见。

总会有一个时候，科学将摆脱伪科学的"科学性"观念，开始研究大自然中一切过程的有目的性、继而是价值在大自然中的实现。到那时人类将学会看到我们在每次教堂举行事奉圣礼时所听到的内容："圣哉，圣哉，圣哉，万军之主！你的荣光充满天地！"（《以赛亚》6：3）

格·彼·费多托夫在《宗教诗》一书中谈到俄罗斯人的索菲亚宗教性。在宗教诗中赞颂大地的天使之美，并非情

---

① 〔俄〕萨尔蒂科夫-谢德林：《外省散记》，许庆道译，上海译文出版社1991年版，第164、171页。——译者注

第七章 俄罗斯人的天赋

欲的,而是母性的美(第76—79页);他把诗中的全部宇宙论概括为索菲亚的(第140页)。与索菲亚论有关,大地被理解为活的存在物——大地母亲。他在《俄国宗教思想》一书中指出,正教在拜占庭已具有索菲亚论的宇宙论特点。在希腊五旬节圣像上,使徒下方刻画的宇宙王同样在领受圣灵的恩赐。俄罗斯正教赋予这一宇宙论更多的温暖和力量(第369页)。费多托夫写道,俄国编年史对王公作出道德评价,但同时从未忽略他们的身体之美(第267页)。

外国人同样指出俄罗斯人对美的热爱和艺术才能,例如,勒格拉在《俄罗斯人》一书中谈到这一点(第247页)。

语言是表达思想和想象力创作的工具。俄语的精湛可用作俄罗斯人天分的有力证明。文学语言由语言大师锤炼而成,其基础却是全体人民的创造。只要读一读克雷洛夫的寓言,品味其中俄罗斯民间语言的准确恰当、富于表现力和丰富多样,便会同意这一点。值得注意的是,俄罗斯普通人的言语接近文学语言。普希金并非平白无故地说道:"我们不妨偶尔倾听一下莫斯科烤圣饼女人的谈话,她们的语言是那样纯正。"罗蒙诺索夫很看重俄语并对它赞颂有加,而在19世纪,俄语借助于一些大作家确实达到很高的完善程度。回想一下屠格涅夫的散文诗:"在充满怀虑的日子里,在痛苦地思索着我祖国命运的日子里，——给我支撑和依靠的只有你呀，啊，伟大的、雄壮的、真诚的、自由的俄罗斯语言！若是没有你——眼见故乡所发生的一切，怎能不陷于绝望呢？然而不可能相信，这样的语言不是上天赐予一个伟大的民族的！"①

俄罗斯人在精神生活最重要的表现——礼拜和一切宗教崇拜中达到很高程度的美。彼得堡的亚历山大·涅夫斯基大修道院每逢柴可夫斯基忌辰都举办圣礼。这种礼拜的美令人惊叹——神职人员的法衣，辅祭的外表和声音的美，唱诗班的唱诵，一切细节都非常出色并彼此和谐。波塔宾科的短篇小说《男低音》表现出甚至在外省小城，礼拜也是美育的课堂。

对美的热爱和创造性的想象才华属于促进俄国艺术高水平发展的因素之列。我们从俄国文学作品讲起。

2. 文学作品

我们在这里谈文学作品时，注意力不是集中在作品的美

---

① 〔俄〕屠格涅夫：《屠格涅夫散文诗》，智量译，上海译文出版社1987年版，第140页。——译者注

第七章 俄罗斯人的天赋

上,而是集中在证明以上各章所探讨的俄罗斯人的主要特点方面。

俄国文学作品的崇高性人所共知。探索绝对之善和生命意义,揭露恶,洞察人的内心深处,俄国文学作品的育人性——所有这些高尚特点都不容怀疑。我在这里仅提几个大家都知道的名字,足以使人承认俄国文学作品的伟大。

俄罗斯人的宠儿普希金在去世前半年在《我为自己竖立起一座非人工的纪念碑》一诗中这样概括自己的诗歌:

我将世世代代为人民所喜爱,
因为我曾用诗琴唤醒人们善良的心,
在我这严酷的时代,我讴歌过自由,
为那些罹难的人祈求过同情。①

普希金正确地界定了自己诗歌的实质,列夫·利沃维奇·科贝林斯基(1874—1947)对此作出详细的阐述,这位

---

① 《普希金文集·普希金抒情诗三》,冯春译,上海译文出版社1995年版,第291页。——译者注

普希金（1799—1837），被誉为"俄国文学之父"，他在继承俄国文学优秀传统的同时不断将其发扬光大，其创作对俄国文学和语言的发展影响很大

第七章 俄罗斯人的天赋

哲学家在1911年因受辱而侨居国外。①

科贝林斯基想让西欧了解俄国文学作品的高尚性，用德语出版了一本关于茹科夫斯基的书，并写了一本关于普希金的详细研究著作，但未及发表。科贝林斯基在关于普希金的著作中通过分析《莫扎特和沙莱里》《鲍里斯·戈东诺夫》《悭吝骑士》等作品，令人信服地证明普希金是一位现实主义者，但他从神的公义角度来刻画现实。

普希金在诗歌领域属于拉斐尔一类的创作者。他的作品中没有突兀的色彩和尖锐的形状，甚至在刻画深层的恶或特殊性格和境遇时，以及在刻画日常现实时，他都能做到全面、和谐与综合地呈现，不致显露尖角。他的想象力创作富有内容和充满我们难以领会的意义，正如受天意主导的世界现实本身。回想一下普希金的以下作品，如《鲍里斯·戈东诺夫》《鼠疫期间的宴会》《青铜骑士》《莫扎特和沙莱里》，以及诗歌《回忆》《重生》《为了回返遥远祖国的海

---

① 关于科贝林斯基的个性和命运，参看安德烈·别雷的回忆录《在分界线上》和《两次革命之间》。关于科贝林斯基，另可参看笔者的《俄国哲学史》第26章。

岸》《格鲁吉亚山峦》，便会同意这一点。不过，我们不再列举他的创作精华：要想一一列举出来，不得不给出一份过长的名单。谁知道这些作品，谁深入地理解它们的内容与形式，就不会怀疑普希金属于一流的天才之列，与埃斯库罗斯、索福克勒斯、但丁、莎士比亚、歌德、席勒、陀思妥耶夫斯基和列夫·托尔斯泰比肩而立。

陀思妥耶夫斯基在莫斯科普希金纪念碑揭碑仪式上讲话时说道，"普希金是见所未见、闻所未闻的现象……是一种预言性的现象"。他表现出一种对全世界敏感的能力，具备"充分体现异族民族性"的特点。他同"我们的人民一起共同拥有"这种"我们民族的最主要的才能"，因此他是我们的"人民诗人"。"俄罗斯民族的精神力量"是"把全世界性和全人类性作为自己追求的最终目的"。普希金是预言性的现象，在他的诗歌中反映出"我们未来时代的人民性"。[1][2]

---

[1] 〔俄〕陀思妥耶夫斯基：《作家日记》（下），张羽、张有福译，河北教育出版社2010年版，第996—999页。——译者注

[2] 另可参看谢·弗兰克的重要文章《普希金论俄国与欧洲的关系》，载《复兴》杂志1949年第1期。

第七章 俄罗斯人的天赋

具有谜一般性格的莱蒙托夫能够写出大不敬的诗歌《谢》，向上帝嘲讽地表达谢意，在诗的末尾请求：

请你就这样安排吧，让我今后
过不了多久再次来向你道谢。①

他的愿望实现了，半年后在决斗中他被子弹打中心脏。莱蒙托夫本人同样具备很高的宗教经验能力。他有时对大自然的感知就像心灵纯洁的朝圣者所看见的那样，视大自然为神的荣光。只要读一读诗歌《当那苍黄色的麦浪在随风起伏》，便会同意这一点，也会懂得诗的结尾：

这时才能平息住我心头的烦忧，
这时才能展开我额头的颦皱，——
我在天国里才能够看得见上帝，
在人间才真领会幸福的根由……②

---

① 《莱蒙托夫抒情诗选》，余振译，上海译文出版社1990年版，第377页。
② 《莱蒙托夫抒情诗选》，余振译，上海译文出版社1990年版，第295页。

这种对大自然的直观感受也反映在下面的诗中:

我独自一人走上广阔大路,
多石的路夜雾中微光闪闪;
夜色深沉。荒野在静听上帝,
星星和星星在低声地倾谈。①

在这种基础上产生出祷告:

"每当人生的痛苦的时刻……"②

莱蒙托夫深刻的宗教性反映在他的祷告中:
"圣母啊,现在我向你虔诚祈祷"……向你这位"冷酷世界的热情维护人"。
如果把莱蒙托夫的命运理解为他在《天使飞翔在夜半的天空中》一诗中所描写的,是被天使带到人间的一颗魂灵的

---

① 《莱蒙托夫抒情诗选》,余振译,上海译文出版社1990年版,第441页。
② 《莱蒙托夫抒情诗选》,余振译,上海译文出版社1990年版,第332页。

莱蒙托夫（1814—1841），继普希金之后俄国又一位伟大诗人，被别林斯基誉为"民族诗人"。其作品真实反映了当时的俄国生活，富有浪漫色彩

生命，莱蒙托夫躁动不安的心灵之谜也许就会解开：

> 年轻魂灵怀着美妙的希望，
> 在人间尝尽了苦辛；
> 他认为人世间贫乏的歌曲
> 不能代替天国之音。①②

莱蒙托夫对俄国大自然和俄罗斯人的爱值得注意，例如，在诗歌《我爱祖国，但却用的是奇异的爱情》中反映出来的爱。③

只有在认可道德含义贯穿整个世界制度的哲学基础上，人们才能够理解诗歌《三棵棕榈》。④

---

① 《莱蒙托夫抒情诗选》，余振译，上海译文出版社1990年版，第180页。——译者注

② 关于莱蒙托夫的思想怎样繁密地指向天堂和地狱，参看尼·布罗德斯基的《莱蒙托夫》一书（1945）。

③ 关于俄国诗人对俄国朴素的大自然和俄罗斯人的爱，参看笔者的《世界是美的实现》一书。

④ 关于这一点，参看笔者的《绝对之善的条件》一书，《在有人类以前的大自然中的道德前兆》一章。

第七章 俄罗斯人的天赋

梅列日科夫斯基关于果戈理说道（援引他本人的话），他立志与魔鬼作斗争，非常可笑地刻画出魔鬼和受其影响陷入心灵极度空虚或丑陋的人们。

屠格涅夫以其《猎人笔记》来促使俄国社会对农民摆脱农奴制抱有同情。他对美敏感，出色地刻画俄国大自然、俄罗斯歌曲和语言的美，展现俄罗斯妇女的美和精神力量。他密切注意俄国社会生活中的新现象（虚无主义，到民间去），作为温和善良之人，在描绘这些现象的灰暗面时，却并未忽略它们与追求善的联系。

陀思妥耶夫斯基揭示出人身上的撒旦之恶，表明只有在主上帝充满恩典的帮助下人才能从恶中得救。[1]

列夫·托尔斯泰在长篇小说《战争与和平》中刻画的不单是单个俄罗斯人的生活，而是整个俄罗斯的心灵。他以其全部创作促使人摆脱对自己小"我"的关心，并在人身上培养无所不包的爱。

弗谢沃洛德·米哈伊洛维奇·迦尔洵接近无所不包的爱

---

[1] 参看笔者的《陀思妥耶夫斯基及其基督教世界观》一书。

的理想。他对恶敏感,在创作之初把注意力集中在社会生活的不完善上,末了则在《棕榈》(*Attalea princeps*)和《红花》等作品中意识到恶在我们的存在王国无所不包,并且看不到怎样从恶中摆脱。

只有信仰基督及其宣扬的神的国的基督徒才知道有摆脱世界之恶的出路,神的国是在经过改造的存在的最高领域真正实现的绝对之善。据说,迦尔洵有一次在谈到宗教时惊呼:"为什么在我身上这一切都被去除!"[1]

我们在列斯科夫[2]、契诃夫、柯罗连科的创作中找到所列举的俄国文学作品的杰出成就——探索绝对之善和生命意义,仁爱,揭露鄙俗,维护个性尊严,与社会不公义和各种不公正作斗争。俄国文学作品的高尚性也保留在侨民文学中:回想一下蒲宁、什梅列夫、扎伊采夫等。

---

[1] Бялый Г.А. *В.М.Гаршин и литературная борьба восьмидесятных годов.* М., 1937. С.181. 该书对迦尔洵创作的分析充斥了一些枯燥肤浅的陈词滥调,例如关于民粹派运动小资产阶级性质的议论。但在书中也完成了一项很有价值的工作,给出关于19世纪最后25年大量文学斗争事件的材料。例如,书中记述了对解放斯拉夫人的俄土战争的各种不同评价,以及与迦尔洵创作有关的更为复杂的社会情绪斗争事件。

[2] 列·格罗斯曼有一本关于列斯科夫的出色专著。

第七章　俄罗斯人的天赋

在尤·艾亨瓦尔德三卷本《俄国作家剪影》中能够找到对俄国作家创作的重要评价，并且是用出色的语言加以表达。犹太人艾亨瓦尔德属于天赋很高的犹太民族代表之列，他们洞察俄罗斯文化精神，爱上这种文化并以其创作做出宝贵贡献。

至于俄罗斯诗歌创作，它的深刻含义和很高的美学境界不容怀疑，只要回想以下名字：普希金、莱蒙托夫、丘特切夫、费特、勃洛克。

俄罗斯人异乎寻常的天赋还表现在，俄国文坛在一个世纪内出现了3位毫无疑问的天才：普希金、陀思妥耶夫斯基和列夫·托尔斯泰。

特别要指出的是，揭露恶在俄罗斯人那里经常以讽刺形式表现出来。奥斯特罗夫斯基谈到"俄罗斯人的讽刺才智"，并指出大众词汇在概括一切现象上的"生动活泼"。[1]大家都知道俄罗斯人给别人起的外号有多么精当。

整个俄国文学史贯穿着对俄罗斯人生活中的恶和各种缺

---

[1] РевякинА.И. *А.Н.Островский.* С.91.

俄罗斯人的性格
Характер русского народа

陷的尖锐与出色的揭露，推动了社会发展。格里鲍耶陀夫的喜剧《聪明误》中许多精当的评论成为特殊的谚语和俗话。果戈理的《钦差大臣》和《死魂灵》深刻影响了俄罗斯人的生活，例如，促进根除腐败现象。甚至在今天，赫列斯塔科夫或诺兹德列夫等形象也在提醒俄罗斯人，要警惕自己的哪些性格特点。莱蒙托夫被普希金的死讯所震惊，写下《诗人之死》一诗，结尾写道：

> 你们，蜂拥在宝座前的贪婪的一群，
> 这些扼杀自由、天才、光荣的屠夫啊！
> 你们躲在法律荫庇下，对你们
> 公论和正义——一向是噤口无声！……
> 但是还有神的裁判啊，荒淫的嬖人！
> 严厉的裁判等你们；
> 他决不理睬金银的声响，
> 他早看透你们的心思、你们的行径。
> 那时你们求助于诽谤将徒然无用：
> 鬼蜮伎俩再不帮助你们，
> 而你们即使用你们那所有的污血

果戈理（1809—1852），俄国作家、批判家，其作品讽刺批判俄国停滞落后的社会生活，对俄国现实主义文学的发展影响很大

俄罗斯人的性格
Характер русского народа

也洗不净诗人正义血痕！①

霍米亚科夫这位夸大俄国成就的斯拉夫派分子，在塞瓦斯托波尔战役之初呼唤俄罗斯人忏悔，愤怒地历数俄国的各种罪责：

在法庭上暗无天日
打上奴隶压迫的印记；
谄媚欺世、谎言致命，
死气沉沉，懒惰成性，
各种下作满盈！

在呼唤忏悔10年后俄国发生了司法大改革，使俄国在司法成就上高出其他文明国家。我这样说有十足的把握，是因为俄国法院杰出活动家谢尔盖·弗拉基斯拉维奇·扎瓦德斯基在布拉格向我们介绍的情况。为理解能在多大程度上相信

---

① 《莱蒙托夫抒情诗选》，余振译，上海译文出版社1990年版，第280页。

第七章 俄罗斯人的天赋

扎瓦德斯基的判断，我详细讲述一下这位杰出人物的品行。

谢尔盖·弗拉基斯拉维奇·扎瓦德斯基在革命前是彼得格勒高等法院的检察官，在临时政府时期曾任参政员。他为人十分高尚，在复杂的社会问题和冲突中他的解决办法能用作行为道义上的保障。他的体态和言谈举止中都留有屠格涅夫式精致贵族文化的印迹。除司法问题外扎瓦德斯基对研究俄语着迷，在该领域有许多独到的观察和见解。他在布拉格成立了俄语研究会，在俄国和外国文学领域造诣很深。扎瓦德斯基尤其喜爱古希腊文学和语言。他在某些方面不满足于现有的古希腊悲剧作家的译本，第一个翻译了埃斯库罗斯的全部悲剧和索福克勒斯的部分作品。他为每个译本都配上有价值的引言和注解。1937年在苏联出版了皮奥特罗夫斯基的埃斯库罗斯悲剧全译本。但不能怀疑的是，出版扎瓦德斯基的译本仍有很大价值。

扎瓦德斯基曾任布拉格俄国大学[①]法律系民法教授。他在司法领域有扎实的理论和实践知识。扎瓦德斯基尤其喜爱

[①] 布拉格俄国大学，系20世纪20年代俄罗斯侨民在布拉格创办的大学。——译者注

且很看重借亚历山大二世改革组织起来的俄国法院。他常年在各级法院任职，对俄国法院的特点了如指掌，并通过与西欧和北美司法相比较，加深了这种认识（他去国外期间观摩过庭审）。他在去世前半年在布拉格作了每次两小时、总共十次的普及讲座，阐述自己关于俄国法院的想法。

奥斯特罗夫斯基的创作是"俄罗斯人的讽刺才智"的典范，在前面一章谈任性胡闹和家庭专制问题时举过他创作中的例子。

陀思妥耶夫斯基在长篇小说《群魔》中痛斥省长的肆意妄为。对警察扼杀民众生活的讽刺刻画在沙皇时期的俄国文学作品中总体上相当普遍，尽管当时有书报检查制度，文学作品却能够在很大程度上同社会和国家生活的弊端作斗争。嘲讽语"官迷"出自陀思妥耶夫斯基。谢德林塑造出"阴沉脸-嘟囔嘴"的形象，契诃夫塑造出"普里希别叶夫中士"的形象。

俄国作家也经常用轻幽默的手段与恶作斗争。契诃夫立志用幽默战胜恶。弗·索洛维约夫异常敏锐地看出任何偏离善的行为，喜欢玩笑和幽默。他笔下有一首诗：

银铃般的笑声和喑哑的哀鸣

第七章 俄罗斯人的天赋

共同构成宇宙的和声。

用一阵阵的笑声

哪怕一瞬间掩盖哀鸣。

你,可怜的缪斯!

在晦暗的道路上方

哪怕只一次绽露青春的笑容

用轻声的嘲讽让惨淡的人生

一瞬间缴械投降。

跻身世界文学讽刺大师之列的萨尔蒂科夫-谢德林却是一位辛辣嘲讽的巨匠。他在《一个城市的历史》中以"撞头族"的故事刻画俄国历史,他们用头去撞所有东西,撞墙壁,甚至在向上帝祷告时撞地板。他们动手整理土地,一上来就"在伏尔加河里和面粉……把猪当海獭买,把狗当狼杀……捉蚊子跑了八里地,原来蚊子却蹲在波舍洪尼耶人的鼻子上"。人们拿定主意给自己找一位大公,"找了好久好久,险些儿在三棵松树间迷失道路"。大公发下话来:"你们中凡是不问其余诸事的人,我都欢喜;此外的人一律处死。"①果不其然，在塞瓦斯托波尔战役期间，俄国民众得知军需部门贪赃枉法等弊端时群情激愤，尼古拉一世皇帝却惊呼："关他们甚事！"在1905年10月17日宣言限制专制制度以前，俄罗斯人甚至没有请愿权。

俄罗斯人生活中的方方面面和习俗都引起谢德林的注意，他无情地揭露各种鄙俗现象。例如，他在随笔集《在国外》中讲述一位先生，此人说道：当完差就等一声"简—单的俄—语谢—谢！"在随笔集《一年到头》中讲到挥霍家产、在巴黎和疗养地享受生活的俄国地主，引了一位母亲从尼斯发来的电报，母亲祝贺儿子荣任六等文官："满心骄傲。祝贺六等文官。卖掉俄国，尽快脱手，钱寄过来。手头拮据。纳塔利娅"（Suis toute fière benis conseiller collège Vendez Russie vendez vite argent envoyez Suis à sec Nathalie）。收报人解释说："我家有块荒地叫俄屯，电报错写成俄国。——哼！这才叫歪打正着呢！"

在《致婶母》中讲述一个叫诺兹德列夫的人，他出版每

---

① 〔俄〕萨尔蒂科夫-谢德林：《一个城市的历史》，张孟恢译，人民文学出版社1959年版，第10、15页。——译者注

第七章 俄罗斯人的天赋

日一出的《污水报》,"不提要求又可爱。在告示栏里写上我们讲真事——更可爱了"。如今有必要出版带注解的谢德林文集,指明他抨击的是哪些人。

谢德林不仅对反动派、对"阴沉脸-嘟囔嘴"等的所作所为、对"保守的"政论界发声,而且对自由派人士也有话可说。他在《童话集》中这样刻画软弱的自由派分子的退让程度:"尽其可能"、"限度以内"的自由、保障和自主;"多少有点",最后,识时务的人劝道:降低理想,"顺应卑鄙"。①

谢德林发明出一些极好的名字,例如,富农的姓氏——抠氏、扒氏;他把有才华但粗鲁的《新时报》评论家布勒宁称为粗人。谢德林在谈到不同省份的居民特点时,使用俄罗斯人自己称呼的绰号:斜裤腰、马大哈、笨蛋和蠢驴等。屠格涅夫在短篇小说《歌手》中写道,"俄罗斯人擅长起外号",并举了几个跟他一起在客栈里的人的外号,例如,糊涂虫、眨眼。

---

① 〔俄〕萨尔蒂科夫-谢德林:《谢德林童话集》,张孟恢译,上海译文出版社1983年版,第224、226页。——译者注

外国人在读这些大量揭露俄罗斯人生活和俄罗斯国家缺点的俄国文学作品时，会以为俄罗斯人尤其丑陋、原始和可怜。他们不理解已经强调过的内容，俄国文学作品的讽刺性见证着俄罗斯人与自己的缺点作斗争，并且这种斗争非常成功。社会学家布拉弗德（W.N.Bruford）对讽刺作品的这种意义毫不知情，以至于在1947年写了一本书《契诃夫和他的俄国》（Chekhov and his Russie），并且称自己的作品为"一项社会学研究"（A sociological study）：他以为利用契诃夫的作品可以概括出俄国整体（契诃夫把注意力片面地集中在俄罗斯人生活的消极面上，很少刻画其积极方面）。他不知道，对俄国了解很深的契诃夫在给妹妹的信中说："天哪，俄国的好人可真多。"契诃夫本人在当地方自治局医生为百姓服务时，其行为表现出品德高尚的俄国知识分子一切好的品质。布拉弗德对此一无所知，在自己那本书的结尾抱有同感地援引厄内斯特·巴克尔的书［《论政府》（Reflections on Government），1942年牛津版，第313页］的内容，后者写道，在俄国有无知和可怜的（wretched）农民以及"虚伪、撒谎、歇斯底里、不开化（uneducated）和懒惰的知识分子"。倘若布拉弗德了解到那些真正研究俄国的人（勒鲁瓦-博利厄、格雷厄姆、巴林、佩尔斯、舒巴特）所知道的俄国，就会在读自己的书时感到脸红。

3. 音乐。戏剧

19世纪末，俄国的俄罗斯音乐研究者与捷克人库巴同时注意到俄罗斯民间歌曲的杰出成就。1940年在莫斯科佩克利斯教授编辑出版的详细的《俄国音乐史》中，第一章谈的是"俄罗斯民间歌曲"。我们在这本书中读到，"俄罗斯人的歌曲创作是俄罗斯古典音乐的基础"（第7页）。"俄罗斯人有出色的音乐才能。诗歌与音乐——特别是歌曲——在俄罗斯人的生活中占很大位置。歌曲伴随俄国农民生活的所有主要时刻"：摇篮曲、送殡曲、婚庆歌、儿童游戏歌谣、农业劳动歌曲和马车夫谣曲；热爱本国历史——勇士歌、历史歌曲（第11页及以下）。"俄罗斯民间音乐文化的特点是歌曲体裁异常多样。既有关于英雄过往的庄严宏伟的史诗，也有关于农民起义领袖拉辛和普加乔夫的叛逆性、反抗性的歌曲；哀悼歌曲、抒情和引发哲思的'曼声'歌曲、尖刻的滑稽曲乃至讽刺模拟作、四句头、欢快的游戏歌曲、圆圈舞和舞蹈歌曲——现有俄罗斯民间歌曲体裁的全部名单远不止这些。"

"俄罗斯民间音乐文化的特点是独特的多声部曲调和谐的结构，正是这一特点使它在分布于苏联地域的各民族中独树一帜，并且在多数不具备多声部形式的西欧国家民间音乐中别具一格。"（《俄国音乐史》，第13页）"俄罗斯民间多声部的基础是衬腔，构成所谓衬腔多声部。"（上引书，第41页）其形式为，领唱开始一首合唱歌曲，在他之后其他歌手逐渐加入合唱，演唱最初旋律的变奏。"衬腔是初始旋律的变唱，似乎是对主旋律的基本曲调的演绎和加工。"（上引书，第42页）"伴唱艺术的基础是自由的即兴发挥原则。因此，农民合唱团不会两次一模一样地演唱同一首歌曲。"民间合唱是"多个人自由地合为一个整体"（上引书，第42页）。

英国人阿尔弗雷德·斯万（Swan）是费城附近的斯沃斯莫尔学院（Swarthmore College）的音乐史教授，研究过俄国的教堂演唱和民间歌曲，写了《俄罗斯民间歌曲的本质》（*The Nature of the Russian Folk-Song*）一文。[1]

---

[1] *The Musical Quarterly*, October.1943. T.XXIX,N4.

他写道，领唱开始一首合唱歌曲，随后其他歌手逐渐加入；每个声部都即兴演唱主旋律的变奏，并且这些即兴之作"神奇地、借准确无误的本能和音乐宗旨创造出完美的和谐"（《俄罗斯民间歌曲的本质》，第509页）。

巴塞尔大学教授伊丽莎白·马勒（Mahler）在普斯科夫附近的佩乔雷地区搜集过俄国送殡哀歌，并把它们发表在《俄罗斯人的挽歌》（*Die Russische Totenklage,* 1936）一书中。此外，她还在这一地区搜集民间歌曲，并借助留声机记录下它们的演唱过程（*Altrussische Volkslieder aus dem Pecoryland.* Basel, Bärenreiter-Verlag, 1951）。

斯捷蓬写道："每首俄罗斯歌曲都发自心灵的最深处。"[1] 果戈理引人入胜地刻画出俄罗斯民间歌曲的迷人力量。"俄罗斯！俄罗斯！……你贫瘠，凌乱，荒凉；你既不愉悦眼睛，也不惊心动魄，没有大胆奇妙的天然景色在大胆奇妙的人工景色的烘托下显得美奂绝伦，没有在悬崖峭壁上筑起嵌着无数窗棂的巍峨宫殿的城市……""你的一切是

---

[1] Stepun F. *Vergangenes und Unvergängliches.* Bd. 1. S.83.

开阔、空旷和平坦的；在大片平原中间，像一些黑点，像一些符号，稀稀落落、毫不醒目地散置着你的矮小的城镇；没有一点东西能够引诱和迷惑人的眼睛。可是，究竟是什么不可捉摸的、神秘的力量把我往你的身边吸引？为什么飘荡在你山川平原上的忧郁的歌声总是在我的耳边回响缭绕？这里面，这歌声里面，蕴含着一股什么力量？是什么在呼唤，在呜咽，在紧紧地揪着我的心？是什么音律在灼热地吻我，闯入我的灵魂，萦回在我的心头不愿离去？"[1]

屠格涅夫的《猎人笔记》有一篇非常美的短篇小说《歌手》。小说描写两名歌手在乡村客栈里比赛的情景。在赛歌中获胜的雅科夫演唱了一首《田野里的道路不止一条》。他的歌声中"有真挚而深切的热情，有青春，有力量，有甘美的情味，有一种销魂而广漠的哀愁。俄罗斯的真实而热烈的灵魂在这里面流露着，它紧紧地抓住了你的心，简直抓住了其中的俄罗斯心弦"。"他唱着，他的歌声的每一个音都给人一种亲切和无限广大的感觉，仿佛熟悉的草原一望无际

---

[1]〔俄〕果戈理：《死魂灵》，满涛、许庆道译，人民文学出版社1983年版，第278—279页。——译者注

地展开在你面前一样。我觉得泪水在心中沸腾,从眼睛里涌出。"①屠格涅夫写道,其他听众的眼里也含着泪水。

英国人巴林谈到俄罗斯人的音乐才能和俄罗斯民间歌曲的迷人力量时,指出这些民间歌曲表达出忧郁、心灵的痛楚或动人的欢愉。②

至于俄罗斯器乐,全世界都知道天才的格林卡、穆索尔斯基、鲍罗丁、里姆斯基-柯萨科夫、柴可夫斯基、格拉祖诺夫、斯克里亚宾、普罗科菲耶夫、肖斯塔科维奇等作曲家。普希金在作品中不仅再现俄罗斯人的生活,而且再现了其他民族的精神。这一能力同样体现在上述音乐家身上,例如在东方题材的作曲中。他们的歌剧属于崇高的艺术领域,凭借的不仅是音乐之美,而且是其内容的价值。歌剧《基特日》做到了三种艺术的水乳交融:里姆斯基-柯萨科夫的音乐、弗·伊·别利斯基的杰出诗歌作品和画家科罗温的出色舞台布景。

甚至在俄国浪漫曲中也有吸引人向上追求完美之善的作

---

① 〔俄〕屠格涅夫:《猎人笔记》,丰子恺译,人民文学出版社1979年版,第257、258页。——译者注

② Baring M. *The Russian people*. P. 60 f.

肖斯塔科维奇（1906—1975），被誉为20世纪交响乐大师，他在苏联卫国战争中所创作的《第七交响曲》享誉世界

柴可夫斯基（1840—1893），其创作几乎涉及所有的音乐体裁和形式，不少作品反映了俄国知识分子渴求个人幸福的意愿和惶惑苦闷的心绪。三部舞剧《天鹅湖》《睡美人》《胡桃夹子》成为雅俗共赏的古典芭蕾舞剧的代表作

俄罗斯人的性格
Характер русского народа

品。例如，柴可夫斯基为霍米亚科夫的诗配了一首浪漫曲：

修行在战场，

修行在搏斗；

无上修行在忍耐、

爱和祷告……

修行生双翼，

载你入云霄……

戏剧艺术凭借俄罗斯人善于走进旁人内心而在俄国处于较高的发展程度。只要回想一下莫恰洛夫、谢普金等，或离我们更近的萨温娜、叶尔莫洛娃、科米萨尔热夫斯卡娅、奥尔列涅夫（尤其他扮演的沙皇费多尔·伊凡诺维奇）、斯坦尼斯拉夫斯基及其以不可比拟的卡恰洛夫为首的整个班底，在这串名字中还应提到伟大的天才夏里亚宾，他不仅是一名歌手，还是一名杰出的戏剧演员。

俄罗斯人同样拥有高水平的舞蹈艺术。托尔斯泰在《战争与和平》中讲到俄罗斯人的音乐才能，并讲到娜塔莎·罗斯托娃在听大叔弹奏吉他时跳起舞来："这位由法籍家庭女教师培养出来的伯爵小姐，是在何时何地吸收了法国披巾舞

《天鹅湖》是俄国作曲家柴可夫斯基的代表作品,是古典芭蕾舞剧的典范。图为俄罗斯国家芭蕾舞团演绎的《天鹅湖》

所缺乏的俄国风味和俄国气派的？而这正是大叔期待于娜塔莎的那种学不来教不会的俄罗斯风味和气派。"[1]

俄罗斯芭蕾舞的杰出成就举世闻名。只要提一下巴甫洛娃、塔玛拉·卡尔萨维娜和尼任斯基等名字，或者提一下福金在歌剧《伊戈尔王子》中编的波洛伏齐人舞蹈即知。凭借谢尔盖·巴甫洛维奇·佳吉列夫（1936年过世[2]）的组织活动和旺盛精力，俄罗斯芭蕾舞、歌剧（《天鹅湖》《伊戈尔王子》《火鸟》等）和舞台绘画开始闻名于世，并对欧洲艺术产生影响。

4. 绘画。建筑

在彼得大帝使俄国融入西欧文化以前，俄罗斯人的绘画几乎是清一色的宗教画。它的繁荣时期是在14世纪末和十五六世纪。这些绝美的圣像画是俄罗斯人的宗教性高尚精神的很好表达：它不具备尘世的赏心悦目，却把精神提高到

---

[1]〔俄〕列夫·托尔斯泰：《战争与和平》，草婴译，上海译文出版社1995年版，第681页。——译者注

[2] 谢·巴·佳吉列夫在1929年过世。——译者注

超尘世的存在领域。安德烈·鲁布廖夫是这种绘画的最出色的代表，其圣像画《圣三位一体》是最完美的作品。俄罗斯艺术史家维·亚·尼科利斯基关于这幅画写道："鲁布廖夫的《三位一体》首先使人惊叹的是色调变化的特殊艺术才能，是闪闪发光的淡金色或红褐色的底色。鹅黄色、灰蓝色、雪青色巧妙地与天蓝色和嫩绿色和谐搭配在一起……圣像画的构图与色调一样独特。3位天使排列成象征无限的圆形。圣像画严谨均衡的构图完全符合其内在世界和创作者的主要意图。精神整个沉浸在宗教直观里的巨大安宁与平和——这正是画家在这幅圣像画里想要表现的。在鲁布廖夫的圣像画里一切都是传统的，但其中有某种特别的喜悦、某种独特的视觉敏锐以及对美好事物的强烈感受，甚至把那些与神秘感和宗教性格格不入、不善于理解和分享画家意图的人也强烈地吸引到这幅世界名画前。"[1]

教堂里也有壁画，例如，弗拉基米尔的季米特里大教堂里面的12世纪壁画。这笔宗教绘画财富的复制品在当今为世

---

[1] 引自瓦·亚·梁赞诺夫斯基的《俄国文化述评》一书（第1卷）。这本书包含在当代研究基础上对俄罗斯圣像画的重要评述（第554—608页）。

鲁布廖夫创作于1410年左右的绘画作品《圣三位一体》，通过象征意象传达圣三位一体的复杂意味

人所及，尤其要感谢艺术史家尼科季姆·巴甫洛维奇·孔达科夫的弟子们在布拉格创办的孔达科夫研修班（Seminarium Kondakovianum）的劳动。①

叶·特鲁别茨科伊公爵在他的两本小册子《古罗斯圣像画里的两个世界》和《色彩的思辨》中阐明俄罗斯圣像画的宗教哲学含义。在莫斯科特列季亚科夫画廊，人们能够看到精美绝伦的古代圣像真品。

彼得大帝改革后，在18世纪已出现有影响力的画家，如列维茨基（1735—1822）、罗科托夫（1812年过世②）、博罗维科夫斯基（1757—1825）等人，19世纪上半叶则出现基普连斯基（农奴出身）、特罗皮宁（农奴出身）和杰出画家亚历山大·伊万诺夫（1806—1858）。

尼古拉一世死后，尤其从亚历山大二世大改革时起，俄国知识分子的兴趣极其片面地集中在限制专制制度的问题

---

① Кондаков Н. *Русская икона*. 另可参看：Ouspensky Leonid, Lossky Vladimir. *Der Sinn der Ikonen*. Graf-Verlag. Bern, 1952; Grabar Igor. *Die Freskomalerei der Dimitris Kathedrale in Vladimir*. Petropolis-Verlag. Berlin.

② 费·斯·罗科托夫在1808年过世。——译者注

斯切潘·拉辛是1667年俄国农民起义的领袖。苏里科夫的画作描绘了拉辛和他的起义军在战斗中受了挫折，他瞪大眼睛，思考着复仇计划

第七章 俄罗斯人的天赋

和探索社会公正上,许多人觉得只有实现社会主义才能达到社会公正。俄国开始了"到民间去"运动,出现了民粹派运动书刊,在绘画领域也开始了"巡回展览画派"(在1870年创办"巡回展览"的画家)的活动。"巡回展览画派"的画作是色彩和线条里的民粹派政论:他们的作品反映了百姓的日常生活和需要、政权机关的压榨以及社会不平等的不公正现象。这种绘画的艺术价值不高,尽管在"巡回展览画派"中也有才华出众的画家,如佩罗夫、克拉姆斯柯依、雅罗申科、韦列夏金等。俄国在19世纪最后10年开始了一场反对"巡回展览画派"片面性的运动。一批画家产生了,他们懂得除"忧国忧民的题材"外,存在的一切其他方面都能够成为绘画创作的内容;他们对色彩和线条的美着迷,关心自己作品的艺术风格,珍视创作者在艺术领域的个体性,开启了俄罗斯绘画的繁荣鼎盛的序幕。他们在1898年创办《艺术世界》杂志,并开始举办自己的画展。我将要叫出名字的画家是截然不同的风格的代表。他们中有人作为"巡回展览画派"起步,后来退出了这一阵营。列宾粗犷刚劲的风格不仅在俄国,而且在国外驰名。关于俄罗斯人强大力量的体现者苏里科夫在《情感与意志》一章中谈过。列维坦属于为俄国文化做出宝贵贡献的犹太人。他狂热地爱上并懂得俄国

"巡回展览画派"成立于1863年,是19世纪下半叶俄国画坛影响力最大的艺术团体,大多数成员以现实主义为主导风格。图为1886年组委会成员合影

大自然的朴素之美,在自己的画里(例如《墓地上空》《晚钟》)表现出它的灵魂。他在一封信里写道,感到"某种神性之物覆盖世间万物,但不是每个人都看到它,甚至也无法称呼它,因为它不依从理性和分析,只能用爱来领悟"。契诃夫的妹妹玛·巴·契诃娃讲到,列维坦喜欢在某个乡村的小教堂做晚祷。小教堂的宁静之美让这位犹太人感到亲近,其程度甚至超过许多正教徒。[1] 维克多·瓦斯涅佐夫、涅斯捷罗夫(《独居修士》《少年巴多罗买》《大剃度》)、弗鲁别利(作品包括基辅边上的基里尔修道院教堂彩绘)以独具一格的作品丰富了宗教绘画。"凡尔赛画家"亚历山大·伯努瓦和康斯坦丁·索莫夫等细腻的唯美主义者对许多画家产生重要影响。对比以下名字便可以清楚革命前画家的才华和创作主题的多样性:廖里赫、比利宾、奥斯特罗乌莫娃-列别杰娃、多布津斯基、卢科姆斯基、库斯托季耶夫、马利亚温、彼得罗夫-沃德金。这里应特别提到对西欧产生影响的戏剧舞台布景和服装艺术,伯努瓦、康斯坦丁·科罗温、

---

[1] Глаголь Сергей, Грабарь Игорь. *Иссак Ильич Левитан*. С.43, 53.

弗鲁别利、廖里赫和多布津斯基在这一领域有建树。

亚历山大·伯努瓦的《俄国绘画学派》包含自彼得大帝时起的俄国绘画史。这本书给出关于这门艺术在19世纪末和20世纪初的繁荣情况。因此可以理解该书英译本序言的作者克里斯蒂安·伯林顿以下的话:"俄罗斯人在哪里都表现出直接具体的观察力,以及捕捉该场面或情景的至关重要的方面,并把它们逼真刻画出来的能力。""我很高兴有机会对你们命途多舛和鼓舞人心的国家聊表寸心。"谢·马科夫斯基在《俄国画家剪影》一书中(1922年布拉格版)给出对俄罗斯绘画繁荣的出色和生动的概述。

民间手工艺同样展现出不少俄罗斯人的才华。除了手工制品外也有真正的创造,例如,在弗拉基米尔省帕列赫镇和霍鲁伊镇的圣像画家的作品中。知识分子在俄罗斯绘画繁荣时期注意到手工艺,并主要在捷尼舍娃公爵夫人位于斯摩棱斯克省的塔拉什基诺庄园以及在马蒙托夫的阿布拉姆采沃镇的出色作坊里参与这门艺术。①

---

① Makovsky Serge. *Talachkino. L'art decorative des atelies de la princesse Ténichef*; Roerich N. *Souvenir d'un voyage à Talachkino*. St. Pétersbourg, 1906.

第七章 俄罗斯人的天赋

俄罗斯人在建筑领域对教堂建筑的兴趣和才能贯穿其历史。在宏大的《俄罗斯艺术史》中人们能够获得关于这门艺术的材料，这部书在伊戈尔·格拉巴里编辑下出版了22辑。这部重要的著作没有完成，莫斯科愚民在第一次世界大战期间对德国人实施暴行，袭击了克内贝尔出版社，捣毁了为继续出版这部艺术史制成的铜锌版。

俄罗斯人从文化生活之初就表现出建筑才能。18世纪以前这种才能主要表现在教堂建筑方面。第一批教堂由拜占庭匠人建造；俄罗斯匠人开始根据自己的品位在教堂中加进新的特点，在弗拉基米尔-苏兹达利地区出现了一批代表俄罗斯独具特色的创造成果的教堂，例如，克里亚济马河畔弗拉基米尔的季米特里大教堂，以及随后在莫斯科及其周边出现的教堂；诺夫哥罗德、普斯科夫的教堂以及俄国北方精美的木制教堂同样重要。伊戈尔·格拉巴里主编的《俄罗斯艺术史》中的文章给出关于这种教堂建筑及其成就的生动介绍。

塔玛拉·托尔伯特·莱斯在《俄罗斯艺术》（*Russian Art*）一书中对俄国教堂建筑作出以下评价："俄罗斯建筑的主要特点整体上可界定为对构图的天才理解，以其宏大的气势、装饰形式和迷人的深邃而引人注意。俄国建筑师对有

莫斯科圣巴西尔大教堂于1561年建成,位于莫斯科红场,整座教堂有9个圆顶,是当地的地标性建筑

第七章　俄罗斯人的天赋

时出人意料的美的比例独具慧眼，偏重主要由形式决定的效果，但有时也靠装饰物来点缀。"①

世俗建筑主要为木制。富有的大贵族为自己建造别出心裁的宫殿。乌格利奇的季米特里皇太子宫殿和科洛缅斯科耶村的精巧皇宫堪称典范，后者的模型保存在莫斯科。

彼得大帝在18世纪从意大利邀请来雕塑家B. C.拉斯特雷利。他在俄国站稳脚跟后，在1716年把自己16岁的儿子拉斯特雷利带到圣彼得堡。这个年轻人深刻掌握了俄罗斯建筑尤其是莫斯科建筑的独特性，并钻研了法国和意大利建筑的特点，成为在作品中融合西欧和俄罗斯艺术的独具一格的建筑大师。许多重要的建筑都出自他手，如斯莫尔尼修道院、皇村宫殿、斯特列利纳边上的谢尔吉修道院大教堂等。在拉斯特雷利（1771年过世）领导下，俄国培养出18世纪俄国建筑师的整个学派。乌赫托姆斯基公爵、巴热诺夫、卡扎科夫、斯塔罗夫属于该学派。在19世纪初值得一提的是海军部大厦

---

① Talbot Rice Tamara. *Russian Art*. 1949.

的建造者扎哈罗夫以及喀山大教堂的建造者沃罗尼欣。

俄罗斯文化在19世纪末和20世纪初呈现出多方面的繁荣发展。在建筑领域同样出现了很有前途的新人,但他们未及充分展现自己的才华。

第八章

俄罗斯人的救世论和使命感

俄 罗 斯 人 的 性 格
Характер русского народа

    弗·索洛维约夫在《偶像和理想》一文中写道，所有重要的民族通常都会产生民族救世论理想，但这一理想只有在具备基督教普世主义的形式下，才具有积极的内容。

    莫斯科罗斯[①]早在16世纪初，民族救世论就在普斯科夫修士菲洛费伊的思想体系中获得鲜明表达，按照这一思想体系，"两个罗马倒下了，第三个站立着，不会有第四个"。莫斯科是第三个罗马。菲洛费伊在1514—1521年给瓦西里三世大公本人的书信中谈到这一点。米留可夫写道："他在信中尤其强调以下思想，即正教国家的政治倒台与宗教背叛有关，莫斯科的政治统治是宗教不可动摇的结果。"[②] 在19世

    [①] 俄罗斯在1328—1547年间用此称呼。——译者注
    [②] Милюков П. *Очерки русской культуры*. Париж, 1930. Т.Ⅲ. С.56.

第八章 俄罗斯人的救世论和使命感

纪,关于俄国日后将对欧洲现实具有主导影响,并将打造出高级形式的文化这一思想由斯拉夫派创始人伊万·瓦西里耶维奇·基列耶夫斯基以及恰达耶夫和尼·雅·丹尼列夫斯基加以表述。陀思妥耶夫斯基在关于普希金的讲话中表达了这一思想,把它同俄罗斯人的性格联系起来。他说道,在彼得大帝改革后,我们"以友爱的态度,怀着满腔的爱从内心接受了别的民族的天才,全都一起接受了,并不考虑重大的民族差异"。"要做一个真正的俄罗斯人,这可能就意味着必须成为一切人的弟兄,也可以说是普世之人。""我们的命运就是世界性,这种世界性不是用剑得到的,而是靠友爱和我们致力于人们的联合这种友爱愿望的力量得到的。""要做一名真正的俄罗斯人,这就是要竭力使欧洲的矛盾彻底缓解,以自己的俄罗斯心灵、全人类的和联合一切人的俄罗斯心灵为欧洲的苦恼指明出路,以兄弟般的情谊把我们所有的兄弟都铭记在心,最后,可能,按照基督福音的教义说出关于普遍的伟大和谐、各个民族的彻底友爱和谐的决定性的意见!"[①]

---

① 〔俄〕陀思妥耶夫斯基:《作家日记》(下),张羽、张有福译,河北教育出版社2010年版,第1000、1001页。——译者注

弗·索洛维约夫在1877年发表的讲话《三种力量》也许是陀思妥耶夫斯基上述思想的推动力。他写道，"三种根本的力量"支配人类的发展：第一种力量是向心力，它为自己定的目标是，使人类服从一个最高原则，消灭个体形式的多样化，压制个人生活自由。第二种力量是离心力，它否定共同的联合原则的意义。仅有第一种力量作用的结果是："一个主人和一群死气沉沉的奴隶"；相反，第二种力量的极端表现会是"普遍的利己主义和无政府主义，没有任何内部联系的多数单独个体"。第三种力量是神性的力量，它"赋予前两种力量以积极内容，使其摆脱各自的绝对性，调和统一的最高原则与个体形式和元素的自由多数，以此创造出人类共同有机体的整体，并赋予其内在的宁静"。"第三种力量……只可能是最高神性世界的启示……借以显露这种力量的民族只应该是人类与神性世界的中介，是后者自由的和自觉的工具……对于体现第三种神性力量的民族，要求它只是摆脱任何狭隘性和片面性，站在狭隘的特殊利益之上；要求它不苦心孤诣于某个局部的低级活动和知识领域，对整个此世生活及一些小利益漠不关心，全身心地信仰最高世界可靠的真实性并采取顺从态度。这些特点无疑属于斯拉夫的种族性格，尤其属于俄罗斯人的民族性格。"事实上，索洛维约夫写道，俄罗斯人的理想具有宗教性质，它表现为"神圣罗斯"理念；俄罗斯人把东方原则和西方原则结合起来的能力在历史上得到彼得大帝改革成绩的证明；俄罗斯人固有的为承认罗马教皇是普世教会最高司祭长所必需的民族自我放弃能力，这一点即便从召请瓦兰人的故事中也看得出来。①

索洛维约夫继丘特切夫之后，幻想俄国将成为全世界的基督教君主国。他认为，为此必须把东方教会和西方教会重新联合在一起，东方教会拥有神秘的直观财富，西方教会建立了不依赖于国家的超民族教权；这种重新联合起来的教会结合国家的政治威力——国家顺从教会权威的道德力量，将会为普世神权政治打下基础。在这一神权政治里教权归罗马教皇，政权归俄国沙皇。

索洛维约夫后来抛弃了这一乌托邦想法，但在伦理学著作《善的证明》中表达出民族和国家道德上正确彼此相待的深刻思想，完全适合在这里引用。这些思想符合俄罗斯人的

---

① Соловьев Вл. *Великий спор и христианская политика.*

精神。无论单独的个人,还是整个民族都面临和谐互补的任务,不失去自己别具一格的独特性,相反却使其最充分地显现出来。索洛维约夫写道:"民族的真正统一不是同一种民族,而是一切民族,也就是所有民族相互作用和团结一致,实现每个民族的独立圆满生命。"(第19章)在这条道路上实现的是以下意义的具体的普世之人:每个个体和其他个体共同一致地参与多样和整体圆满的人类生活。这种理想是超民族主义(按古典语文学家法杰伊·弗兰采维奇·泽林斯基在《言语报》上发表的一篇文章的用语),需要的是发展、而不是压制民族特色。

不同民族携手并肩的前提条件是民族文化可以相互渗透。正如兰花的幽香、蔚蓝的光线与和谐的乐音能够充满同一空间,结合为一体而不失其确定性,不同民族的文化创造同样能够彼此渗透,组成最高的统一。

我们在实际中每走一步都会碰到不同文化的隔膜、彼此冷淡和孤立。施本格勒看出这一事实并把它提高到不可逾越的法则级别。但实际上这种隔膜和疏远仅存在于以下情况:民族未实现自己的理想用途,在其创造中有善的歪曲和消极价值的体现。例如,小提琴手和钢琴手在演奏贝多芬奏鸣曲时实现和谐的整体统一,但如果各弹各的,就会听到相互排斥的音符的刺耳噪声。为了避免出现民族间的不和谐音，按照索洛维约夫的学说，必须把耶稣基督的诫命"爱邻人如同爱自己"也用到民族交往上："爱其他各民族如同爱本民族"。他解释说，这项要求并不意味着心理上的情感一致，而只是意志方面的伦理平等：我理应希望其他各民族都享有真正的福，如同希望本民族一样；这种善意的爱是一致的，哪怕是因为真正的福统一不可分。不言而喻，这种伦理上的爱也与心理上理解和赞同其他各民族的积极特点有关；在用道德意志逾越荒谬无知的民族敌对后，我们开始认识和看重其他民族，它们也开始被我们喜欢。"如果这种态度能成为实际的准则，民族差异就会保留下来甚至有所加强，变得更加鲜明，消失的将只有敌对的分离和怨恨——把人类从道德上组织起来的根本障碍。"

只有我们同情地植入其他文化，如同领会本民族文化一样领会它们，并以此在自己身上培养创造互补的能力，才能共同创造出不同文化交相辉映的和谐统一生命。

同其他文化交往的结果并非失去自身本来面貌，而是同样深入领会本民族的文化。无论同其他民族的联系怎样密切，民族性格的天然独特性和强大惯性都会保障其保留独特的民族面貌。但强大的民族也有个别软弱的个体；不仅如此，无论民族性格怎样强大，在历史进程中也总有消耗民族精力的内忧外患艰难时期，在这种时期会产生出对自己的不信任和有害的模仿倾向。因此在保留和发展民族独特性的事业中，除依靠其天然惯性，还需要民族培养和教育的促进。遗憾的是，现代教育学还没有制定出明智的民族培养体系。在思考关于这种体系的问题时必须弄清，民族性格和民族文化的实质如同一切个体之物，是不能用抽象概念来表达的。民族是具体的活的存在。就这一存在能够说出上千种抽象的理念。但无论我们表述出多少种这样的理念，每种理念和全部理念都显得苍白和无力，无法与民族个体性的生动丰满相比拟。因此，民族培养和教育的任务不能仅归结于制定并掌握用抽象概念表达的民族典型特征。当然，也不应忽视这些特征，但主要的培养手段应该是从理智和情感意志上植入具体的生活本身、民族创造的具体内容本身，看它怎样反映在宗教、历史、语言、文学、艺术和一切民族文化中。更困难但同样必要的是，用同情地植入其他民族的文化来补充领会本民族的个体性。

弗·索洛维约夫的朋友叶·特鲁别茨科伊公爵在早期作品中迷恋斯拉夫派的夸大俄国意义之词，幻想俄国建立普世神权帝国。他后来像索洛维约夫一样，开始较为谦虚地理

第八章 俄罗斯人的救世论和使命感

解俄国的使命。他在《回忆录》中写道:"我后来确信,在新约中所有民族,而不是某一民族区别于其他受召成为怀神者;关于俄国是神的选民的自大幻想明显有悖于使徒保罗《罗马书》中的明确文字,应作为不符合新约启示精神的内容予以舍弃。"(第69页)

索洛维约夫在《善的证明》中举出众多民族的普世使命的一连串例子,它们在各自的民族创造中实现了超民族的价值,并以此影响其他民族的文化。本着这些观察,我们俄罗斯人能够说,俄罗斯文化像其他伟大民族的文化一样,已经实现并且将要实现自己的使命(愿上帝保佑),对整个人类的发展起到积极影响。俄国文学作品和俄罗斯音乐的影响是人类共同文化发展中的积极因素。俄国在政治生活中第一个表现出限制自己国家主权的能力,沙皇尼古拉二世在1898年曾建议各国签订协议,用国际法庭而不用战争来解决争议。叶·瓦·斯佩克托尔斯基教授写了一本小册子《俄国19世纪和20世纪的欧洲政策原则》[1],举出数量可观的事实来

---

[1] Изд. Русской Матицы. Любляна, 1936.

尼古拉二世（1868—1918），俄罗斯罗曼诺夫王朝最后一位沙皇。1905俄国革命后，采取镇压与欺骗兼施的政策。1917年俄国二月革命后退位，十月革命后被处决说明，俄国19世纪和20世纪在欧洲的政策"是原则政策，区别于西欧的利益政策"（第12页）。他用一系列例子证明，"俄国的欧洲政策原则是，救助危亡、信守盟约、团结和平"（第13页）。

　　散居世界各地的俄国侨民继续实现俄国的使命，让其他民族的人了解俄罗斯文化的积极方面。尤其重要的是，西欧和美国了解了正教；他们开始理解，正教是基督教的重要形式。基督教信仰之间的敌对关系严重损害基督教的声誉。幸运的是，在当今开始普世基督教合一运动，目的是让不同基督教信仰的代表彼此了解、相互理解并建立彼此的友善关系。流亡的俄罗斯正教会的杰出活动家参与了这场运动，并表现出俄罗斯人被陀思妥耶夫斯基和索洛维约夫概括为全人类的与和解一切的特点。实现普世基督教合一运动这一目标的主要条件是摆脱教派的自负。最有才华的俄国神学家谢尔吉·布尔加科夫神父（1944年过世）在《自传笔记》中写道："在教会的些许傲慢下会把自己臆想为全部圆满的教会，但又不能不隐约地意识到：这不是它……"（第55页）

　　巴黎东正教神学院教授列·亚·赞杰尔在《视野与行动：普世基督教合一运动中的问题》（*Vision and Action: the problems of ecumenism*）一书中讲到，谢尔吉·布尔加科夫神父在1927年5月从洛桑代表会议伤心失望而归。当他开始谈论圣母崇拜时，会议主席不允许他就这个题目讲下去。"在谈论新教徒时，我问他说：'可您爱他们，不是吗？为什么？'他的回答似乎是老生常谈，但他融入其中的信念和洞察的力量却让我觉得，似乎它就是普世基督教合一运动全部问题的解决方案。谢尔吉神父说道：'因为他们是基督徒。难道可以不爱基督徒吗？对与基督联系在一起、事奉和冠着他的名的人漠不关心吗？症结是心理上的：要视他为基督徒，尽管他有异端观点。'"（第99页）赞杰尔写道，过了25年，在教派关系上建立起"新的氛围"："不信任与怀疑被真诚和善意所取代；互相帮助代替了斗争；了解和理解的愿望代替了论战"（第20页）。在1945年巴黎的一场罗马尼亚正教会隆重礼拜后，一名新教传道士说道，天主教徒和新教徒相互理解的典范出现在法国，而这要感谢"天意让俄罗斯正教徒生活在我们中间"（第21页）。

赞杰尔在关于普世基督教合一运动的书中经常援引谢尔吉·布尔加科夫神父的著作，表达出以下关于教会的思想。信仰的对象高出我们的认识能力。因此，它总是超过我们关于它所能说的一切。"我们通常在谈论教会和断定某种信仰不属于它时发表议论，就好像我们对教会知无不尽，能够从里到外洞悉它。实际上信经①中关于信仰教会的话提醒我们,除了它的可见和可认识的方面,能够设想在它里面有这样一种实在,我们在这一宙只能窥其局部。"因此,对教会统一的信仰就是断定,"教会是统一的,尽管有表面的分裂"(《视野与行动:普世基督教合一运动中的问题》,第128页及以下)。"在我们神学上的普世基督教合一运动中,在我们共同的祷告中,在神秘地视彼此为基督的形象中,我们一起仿佛在精神上成长,并以此产生出新式的统一,这种统一没有消除我们的分裂,却以某种方式与它们共存。普世基督教合一运动的这一最终结果可界定为无联合的统一(unity without union)。"(上引书,第217页)关于普世基督教合一运动问题的这种解决方式,即友爱的共同生命而不失去每种信仰的具体的独特性,符合陀思妥耶夫斯基所说的俄罗斯心灵是"全人类的和联合一切人的"之语。索洛维约夫的准则——"爱其他各民族如同爱本民族"也被赞杰尔用于基督教信仰的相互态度。令人欣喜的是,安立甘教

---

① 信经,基督教(天主教、正教、新教)权威性的基本信仰纲要。——编者注

会①代表、契切斯特尔斯基主教为赞杰尔的书写了序言,对这本书"由衷地"表示欢迎。

陀思妥耶夫斯基所说的俄罗斯人的"全人类性"是这样一种能力,即审视欧洲民族的相对立的意图,从中发现有积极价值的方面,并以此达到和解一切。

俄罗斯人的最积极的特点——宗教性、探索绝对之善、敏感于恶对善的歪曲以及高级形式的经验能力——构成俄罗斯心灵的主要内容,本书所列举的俄罗斯人主要的好的特点在他们身上保留下来。因此能够寄希望于,陀思妥耶夫斯基和弗·索洛维约夫所说的俄罗斯人的使命将在人类生活中成功实现。

---

① 安立甘教会,基督新教三个原始宗派之一,也是带有盎格鲁-撒克逊人礼仪传统的宗徒继承教会。它在清朝传入中国,译作"圣公会"。——编者注

第九章

中间领域
文化的欠缺

俄罗斯人的性格
Характер русского народа

别尔嘉耶夫经常谈到俄罗斯人对中间领域的文化不感兴趣：俄罗斯人是极端主义者，他们要的是"要么全有，要么全无"。因此物质文化在俄国处于较低的发展水平。俄罗斯人到现在还没有，例如，像美国人在美国所做的那样，征服本国的广袤疆域。的确，征服大自然的巨大困难能够为他们的不作为作某种开脱，俄国的气候条件使得在国内广大地区，例如在西伯利亚，大片土地因常年冰冻而不适于种植。但甚至在欧俄适宜生活的地区，俄罗斯人也很少关心满足日常需要的便利设施。例如，在俄国很少有好的道路；农村居民大多走的是极其不便的乡间土路。村中街道的泥泞不堪更令人惊讶。夏天不下雨时，村子外面的道路已经全干了，村子里面的街道还经常布满老也干不了的脏水坑。穿过这样的村子时，你会想，村里的住户怎么就不能联合起来，一起出力把他们每天都要进出的街道垫平。格列勃·乌斯宾斯基

第九章　中间领域文化的欠缺

在随笔《农民生活一瞥》（载短篇小说集《农民和农民劳动》）中的讲述可以用来回答这个问题。乌斯宾斯基夏天住在诺夫哥罗德省的一个村子里面，这个村的主要收入是出售草地上的干草。夏天不能往城里运干草，因为路上有一块沼泽地，装干草的大车过不去。富农利用农民的贫困，按每普特5—10戈比从农民手中趸进干草，然后按30戈比或更高的价钱卖出去。沼泽地有四分之一俄里。村里的26户人家本可以把路上的沼泽地排干，花两个礼拜天的工夫做这件事。农民叶尔莫拉伊奇在听乌斯宾斯基说，村民把路修好就能轻松过好日子时，回答道："您为我们想得倒好！我们干吗答应啊？"

导致俄罗斯人，尤其农民和农村神职人员贫穷的原因是多方面的，如漫长的农奴制、农民的村社制度、许多省份土壤贫瘠、耗费大量国力抵御外敌等。但除了所列举的情况，贫穷在很大程度上也是人们较不关心物质文化的结果。俄罗斯人的不经心反映在经常听到的"没准儿""万一""大不了"上。伊·亚·伊里因在《俄罗斯文化的实质和独特性》一书中写道，俄罗斯人克服困难通常不靠长远打算和按事先拟定的计划，而是靠最后一刻即兴发挥（第56页）。

俄罗斯人的意志和思维不受约束；俄罗斯人的性格通常

维诺格拉多夫(1869—1938）是19世纪后期俄罗斯著名的油画家，他的画作展示了农奴制下俄国农民的贫困无望

不具备严格养成的内容与形式。勒格拉在《俄罗斯人》一书中指出，在俄罗斯人身上经常可见情感和兴趣出人意料地急剧转换。因此，他指出，俄罗斯人在作出允诺后，经常不去兑现（第262页）。

米留可夫写道："像别林斯基和陀思妥耶夫斯基这样的观察家和法官最终都承认，俄罗斯民族性格的最根本的特点是善于掌握任一民族类型的各种特征。换句话说，俄罗斯民族气质的最突出的特点是完全的不确定性，缺少鲜明表现出来的本民族面貌。在国外经常能撞见对这一结论的间接证明。我们的同胞经常被认出来是俄罗斯人，仅仅因为在他们身上不能发现任何鲜明的民族特色，显示出他们是法国人、英国人、德国人和欧洲一切有文化的民族的代表。"[①]

梅什金公爵在长篇小说《白痴》中谈到性格未养成时说，"我没有得体的姿态，也没有分寸感"，陀思妥耶夫斯基同样概括自己道："我不讲形式，不做姿态。"（《书信》，第269号，1867年5月8日）

[①] Милюков П. *Очерки русской культуры*. Т.II. Введение. С.7.

俄罗斯人的性格
Характер русского народа

  由此可以理解俄罗斯人所能达到的极端否定程度。例如，回想一下皮萨列夫，在关于虚无主义的一章将要谈到他，或者列夫·托尔斯泰，他在达到极端的道德主义后，开始否定一切不直接为道德目的服务的精神价值。他认为科学是无聊的好奇心的产物，除了那些对人的道德感有益的科学门类。他开始只容许为通俗的道德说教服务的艺术，这种说教甚至没有文化的人也能接受。他喜爱音乐，钢琴家戈登魏泽尔到他这里来时，他陶醉地听钢琴家弹奏。但在生命的最后时期，他在听钢琴家演奏贝多芬奏鸣曲时，说道："我是多么腐化堕落！到现在这种音乐还对我起作用。"（列·萨巴涅耶夫在随笔集《见面》中讲述了这件事）托尔斯泰开始把法和国家看作有组织的暴力，其目的是保护自私卑鄙的意图。他把对祖国的爱说成是"讨厌和可怜"之物。他开始坚决摈弃一切宗教教义和礼仪，除了道德。

  由于不珍视中间领域的文化，俄罗斯人宣扬大肆破坏已有的文化价值，并实际做出这种破坏。米哈伊尔·巴枯宁有句名言："破坏欲即创造欲。"斯捷蓬在《逝去与永恒之事》一书中写道，在俄罗斯人心中有种把一切彻底毁灭、再创造出光明新事物的喜好。

  俄罗斯人的性格未养成可用来解释谢·格·普什卡廖夫

第九章 中间领域文化的欠缺

所概括的俄罗斯人历史上的善和恶的上下限比较夸张:一面是神圣的顶峰,另一面却是撒旦之恶。格奥尔吉·弗洛罗夫斯基神父在《俄罗斯宗教哲学之路》书中写道:"俄罗斯文化史全部处于中断、冲击中,在放弃或迷恋中,在失望、反叛和断裂中。其中,最缺少的是连续的完整性。""我们清楚地了解这一切——法兰西的激进思想,也有忧郁的日耳曼天才。""这种对全世界的事物都极敏感的天赋,无论如何是不幸的,具有模棱两可性。高度敏感和反应,使精神的创造性地集中变得十分困难。"①

陀思妥耶夫斯基在思考俄罗斯人性格的这种未养成和不确定时,对它作出的解释是,"俄罗斯人过于才华横溢,以至于不能很快找到得体的形式"(长篇小说《赌徒》)。陀思妥耶夫斯基是对的:明晰的形式出现在专业化开始之际,在众多可能性当中选择确定的一种,在上面集中全部精力,结果在一个相对有限的领域获得较高的发展程度,但同时其余能力减退,多姿多彩的青春逝去,壮年和老年将至。西欧

---

① 〔俄〕弗洛罗夫斯基:《俄罗斯宗教哲学之路》,吴安迪等译,上海人民出版社2006年版,第571页。——译者注

人正是如此；他们是老年人。相反，陀思妥耶夫斯基写道，"我们俄罗斯人是年轻人；我们刚刚开始生活，尽管已经活了一千年；但大船自要远航"。（《作家日记》，1876年，2月，Ⅱ，6）

　　无论我们以怎样的理由辩解，对中间领域的文化重视不够总归是俄罗斯人生活的消极方面。在我们所属的有罪的存在物王国，高级精神活动在很大程度上取决于正当满足低级需要，取决于身体健康、饮食、御寒等条件，这些条件需要物质文化的完善。① 人只有对各领域的文化下功夫，同时把神的国的绝对之善作为最终目标，才能够和谐地培养性格并全面约束意志。伊·亚·伊里因在关于俄罗斯文化的书中写道，俄罗斯人必须约束意志和思维；没有这种约束，俄罗斯人很容易变成毫无用处的幻想家、无政府主义者、冒险家和虚掷年华者，尽管也会保留善良的心地（《俄罗斯文化的实质和独特性》，第62页）。别尔嘉耶夫在谈论俄罗斯理念时

---

　　① 关于在我们的存在王国高级活动取决于低级活动这一点（作为我们道德上不完善的生命悲喜剧），参看笔者的《绝对之善的条件》一书，尤其是《正常的精神力量》一节。

也强调，俄罗斯人面临的一项任务是，必须养成约束意志与情感的习惯。

第十章 旧礼仪派运动

俄罗斯人的性格
Характер русского народа

发生在17世纪下半叶的分裂是俄罗斯正教会历史上令人痛苦的一幕。历史学家对俄罗斯人产生分裂情绪的背景作了以下描写。拜占庭在1439年接受与罗马天主教会的佛罗伦萨合并。莫斯科公国断然摈弃这一合并，认为它是对正教的背叛。君士坦丁堡在1453年被土耳其人攻占，这一不幸被俄国人视为神对希腊人背叛正教降下的惩罚。16世纪，有学问的修道士希腊人马克西姆（1480—1556）从阿封山被邀请到莫斯科翻译希腊文教会书籍。他注意到礼拜书籍翻译中的错误。翻译上的错误对这些书籍的损害随时间的流逝而变大，部分错误是没有文化的抄写者犯下的。希腊人马克西姆指出教会书籍的缺点，却被指责为"毁谤按古书得救的俄国显灵圣徒"。他被关进监狱，临终前才被准许住在谢尔吉圣三一大修道院。

克柳切夫斯基写道，莫斯科公国产生出一种"俄罗斯地方教会拥有全部圆满的普世基督教意识"的想法，为得救"再无可学"，"一国教会旧制代替普世意识而成为基督教真理的尺度"加深了祷告和信仰应该一如父辈和祖辈那样的信念，教会礼仪成为一成不变的圣物，产生出"对理性参与信仰问题的怀疑与傲慢态度"。①

拜占庭倒台后希腊教会高级神职人员来到莫斯科公国"化缘"，他们注意到俄罗斯教会在礼仪上的差别。俄国神职人员对此的解释是，"希腊教在异教徒压迫下走了样儿"。然而当尼康牧首自己找出从希腊文翻译过来的错误时，他承认有必要更正教会书籍。为此教会从基辅请来有学问的修道士叶皮凡尼·斯拉维涅茨基和阿尔谢尼·萨塔诺夫，并邀请希腊人狄奥尼西和阿尔谢尼。但在莫斯科，人们并不信任从基辅来的有学问的修道士，认为他们受"拉丁教"影响。在这种情绪影响下出现反对更正书籍的人不足为怪。在莫斯科，支持保留旧制的人是德高望重的大司铎沃尼法季耶夫、伊万·涅龙诺夫和阿瓦库姆。大司铎阿瓦库姆写

---

① Ключевский В.О. *Курс русской истории*. Т.Ⅲ. Лекция 54.

道："圣教父所传一切都神圣无瑕"；"怎样传给我们，就怎样永世流传"；不是俄国人要向希腊人学习，而是希腊人要向俄国人学习。尼康时期对书籍的更正以及根据希腊教会礼仪而改变的礼仪，例如，用3个指头画十字而不用两个指头画，诵三次哈利路亚而不是诵两次等，都并未触及任何教义。但反对革新的人被仇恨蒙蔽了双眼，对一些革新作出使其获罪异端的解释。例如，古书上写的是"上帝伊稣基督"，在更正后的书籍中引进了更近似希腊语的正确书写："上帝耶稣基督"。支持旧制的人把这一正确书写解释为"上帝携伊稣基督"，他们说，这意味着，尼康派教会把上帝与基督分开，从而陷入异端。

1658年，渴望拥有权力的尼康牧首与沙皇阿列克谢·米哈伊洛维奇闹翻，甩手而去（为自己保留牧首封号），反对革新礼仪和书籍的人抬头，开始更积极地坚持自己有理。1666年，有东方牧首参加的教会大会召开。尼康牧首在这次大会上被革职，但其任上所实行的改变礼仪和更正书籍的政策得到肯定。不仅如此，旧礼仪派信徒作为异端分子被革出教门，尽管他们没有宣扬任何异端。就这样俄罗斯正教会产生分裂，这种分裂尤为可悲的是，一些宗教素养很深的人加入旧礼仪派运动。尼·伊·科斯托马罗夫写道，一些独立思

尼康(1605—1681),俄罗斯正教会牧首,曾进行礼仪改革,统一宗教仪式,修订《圣经》译本等

考宗教问题、批评自上而下命令的人脱离教会；这场运动的开端是不同意尼康牧首进行的革新，而后运动的支持者开始思考整个宗教、教会与国家的问题。

尼康牧首懂得礼仪区别不具备根本意义。他在牧首生涯末了谈到古书和新更正的书籍时，对已归顺教会当局新政的大司铎伊万·涅龙诺夫说道："这些和那些（书）都是好的；你想照着哪个，就照着哪个事奉，全都一样。"从这里可以看出，打击旧礼仪派信徒的动机与其说是忠于新礼仪，不如说是要求服从最高政权机关。当"教会和沙皇政权受敌基督影响"的信念开始在旧礼仪派信徒中传播时，对他们的迫害加重了；他们已明确开始把彼得大帝看作敌基督。

旧礼仪派信徒为躲避迫害，开始在丛林密布、人迹罕至的伏尔加河东岸等地建隐居地，但政权机关追赶过来并实施迫害。为避免"敌基督印记"，旧礼仪派运动的狂热分子开始自焚："只要跳进火里，就是全部忏悔。不用劳动，不用斋戒，一下就进天堂。火把一切罪过烧干净。"在一些"火场"上有2 500人自焚。

旧礼仪派运动作为俄罗斯人主要性格特点的一种表现而值得注意。这场运动反映出与情感力和意志力结合在一起的深刻宗教性，导致令人瞠目的狂热主义和过激主义。不顾政权机关的各种迫害、为自己最深的信念而斗争的精神自由值得深深尊敬。俄罗斯人的这些性格特点还需要加进以下内容。热爱大自然和人类生活中的美，尤其在宗教崇拜领域，自然导致俄罗斯人珍视崇拜具体整体，而不只是那些用抽象概念和教义表达的方面。由此产生出宗教崇拜上的极端保守主义，要求在礼拜、全部崇拜与一切宗教习俗和方式上，在一切具体的细节上今天都像过去一样重复。礼仪甚至习俗的一切细节都获得几乎等同宗教教义原则的意义。在这个意义上所有俄罗斯正教徒都像旧礼仪派分子。例如，人们在侨居生活中有机会观察到，有些俄罗斯人不去剃了胡子的司祭主持事奉的教堂。有一次，塞尔维亚教会的知名高级神职人员、都主教多西费伊来到布拉格。他在集会上发表了对俄国及其文化饱含热爱的优美献词，听众注意到，他的衣服大袖子里面的衬里是红色的，在打手势时黑色袖子配红色衬里的样子很引人注意。在这次集会上有人激愤地谴责这种装束，因为这种式样的衣服在天主教高级神职人员那里通行。在教会生活中执意不肯从

俄罗斯人的性格
Характер русского народа

儒略历①改行格里历②也属于这种极端保守主义的方面。

旧礼仪派信徒不仅在崇拜上,而且在整个日常生活中都表现出保守主义,并对所有不是旧礼仪派信徒的人采取孤立态度。他们的行为准则是:"不和刮胡子的人、吸烟的人、用3个指头画十字的人和各种没脸皮的人祷告,交往,交朋友和吵架。"③他们不喝酒、不吸烟、不刮胡须,用自己的餐具进食,不给不是旧礼仪派信徒的人用。他们家里一尘不染。他们给自己盖的房子特别牢固结实。他们自己也由于生活上严格律己而非常结实健壮。他们中许多人从事商业而发家。莫斯科许多非常富有的商人和企业主是旧礼仪派信徒。

然而与正教会大整体相脱离却导致宗教生活的贫乏。很快旧礼仪派信徒面临司祭数量不够维持正常礼拜的难题。

---

① 儒略历,古罗马执政官盖厄斯·儒略·恺撒(又译盖乌斯·尤里乌斯·凯撒)在埃及亚历山大的希腊数学家兼天文学家索西琴尼的帮助下制订的新历法。16世纪前,西方国家大多采用它。——编者注

② 格里历,又译格里高利历,即西历,是由意大利医生兼哲学家里利乌斯改革儒略历而制成的历法,由教皇格里高利十三世在1582年颁行。——编者注

③ 参看:Мельников-Печерский. *В лесах*. Ч.I. Г.I.

第十章　旧礼仪派运动

由于没有主教，他们只好接受由于某种原因离开尼康教会的"出逃神父"。这已经是一种妥协。并非所有旧礼仪派信徒都同意接受这种司祭。他们由此而分裂为教堂派和反教堂派。

教堂派保留了关于教阶和七桩圣事的学说。教堂派信徒在19世纪甚至获得了自己的主教。他们在君士坦丁堡找到阿姆弗罗西主教，土耳其政府下令剥夺了他在波斯尼亚的主教区。他在1846年被旧礼仪派信徒邀请到布科维纳的白克里尼察，在那里立下继承人。一部分教堂派信徒因为有了自己的主教而感到满足。

反教堂派由不愿妥协接受"出逃神父"的旧礼仪派信徒组成，他们坚定地认为尼康教会落到敌基督手里，产生出不再有正当圣职的想法。反教堂派信徒因此失去事奉圣礼和圣事，除没有司祭参与可以进行的洗礼和忏悔外。崇拜仅归结于祷告。他们分裂成许多持不同学说的团体。夏波夫在《俄国旧礼仪派运动的分裂》一书第1卷写道：在他们那里，"有一个男人，就持一种信仰；有一个女人，就成一个分支"（第174页）。如谢·马克西莫夫所说，在一些支派那里孤立主义达到如此地步，每个人都"怀揣自己的圣像"①。

在旧礼仪派信徒的隐居地也像在一些正教和天主教修道院，除了生活上严格律己的苦修者，也碰到一些违反各种戒律、生活十分放荡的人。梅利尼科夫-佩切尔斯基的长篇小说《在林中》主要人物之一、旧礼仪派信徒帕塔普·马克西梅奇·恰普林说道："在隐居地罪与得救是邻居。"

不仅如此，隐居地有时还窝藏着杀人、抢劫和施暴的罪犯。萨尔蒂科夫-谢德林在维亚特卡省省长手下任职时，曾奉命考察旧礼仪派信徒的日常生活，对这些可悲现象进行了调查。谢德林写道："许多在逃的刑事犯和各种各样的流浪汉、假装虔诚的骗子和来历不明的人，打着男女修士和见习修士的名义隐藏在隐居地；在隐居者当中酗酒和放荡猖獗。"② 马明-西比里亚克在中篇小说《三种结束》中同样讲述了乌拉尔附近的隐居地里的犯罪行为。

数百万笃信宗教的俄罗斯人由于珍视熟悉的崇拜形式而

---

① Максимов С. *Бродячая Русь*. С.364.

② Макашин С. *Салтыков-Щедрин*. 2-е изд. М., 1951. Т. I. *Следствие о раскольниках*. С.354.

脱离正教会，非但没有保留旧的礼仪，反而使它变得贫乏，反教堂派信徒甚至失去礼仪。由此可见，正教会的分裂是俄国宗教生活中的一幕悲剧。[1]

---

[1] 关于旧礼仪派运动，参看帕·米留可夫的《俄国文化史概要》一书，第2卷，第三、四、五章。

第十一章

虚无主义。流氓习气

1. 虚无主义

尼古拉·伊万诺维奇·纳杰日丁（1804—1856）在发表于1829年《欧洲通报》杂志上的《一大群虚无主义者》一文中，首次在俄国书刊中在政论含义上而不是在古老的神学意义上使用"虚无主义"一词，当时这本杂志的编者是卡切诺夫斯基。纳杰日丁在这篇文章中所指的是同时代的文学和哲学里的新思潮。"虚无主义"一词被俄国社会接受，并且在屠格涅夫的长篇小说《父与子》中巴扎罗夫被称为虚无主义者后获得广泛传播。

文坛上的虚无主义最鲜明和最有才华的代表是德米特里·伊万诺维奇·皮萨列夫（1840—1868）。因此有必要详细了解一下他的性格和思想观念。皮萨列夫出生在贵族地主之家。谢·费·普拉东诺夫的女弟子叶·卡赞诺维奇仔细研

第十一章 虚无主义。流氓习气

究了他在上大学以前16年里的生活。① 卡赞诺维奇详细讲述了皮萨列夫的母亲如何培养和教育儿子。他在幼年时法语就说得很好,而后学会了德语。下面的故事生动地说明皮萨列夫的教养程度。在他4岁时,近卫军上校K.清晨造访皮萨列夫庄园。大人们都跑去更衣。年幼的皮萨列夫迎上客人,对他说道:"多多致歉,上校先生,妈妈即刻就来。"② 上校后来讲道:"让我吃惊的不是小孩子的法语讲得流畅,他的整个样子,他的小小身姿,他同我说话时的神情和目光中的高贵,丝毫不感到拘谨和奶声奶气的郑重其事——让我惊叹的是孩子身上的这些东西。"(《皮萨列夫》,第63页)皮萨列夫的文学才华很早便显露出来。他在7岁时尝试写长篇小说,8岁时写了一篇童话《罗马利昂》。他从10岁起开始用法文写日记。

皮萨列夫在整个一生中都表现得举止优雅,行为高贵,毫不粗野和庸俗。诚实和直率为他所固有;他善良、轻信、不务实际。他的性格中有病态特征:奋发期和沮丧期

---

① Казанович Е. *Д.И.Писарев*. Петроград, 1922.
② Mon colonel, mille excuses: maman va revenir dans un instant.

交替；他在迷恋一种新思想时会表现得饶舌和难缠（《皮萨列夫》，第22页及以下）。

皮萨列夫在16岁时进入圣彼得堡大学历史语文系。彼·波列沃伊在《回忆皮萨列夫》中讲到，教授在希腊文学课上问哪名学生想要翻译当天要讲的《奥德修记》段落。皮萨列夫总是应声而起，在没有准备的情况下流畅地翻译《奥德修记》。波列沃伊起初不喜欢这一点，以为皮萨列夫爱出风头，后来他才知道，是那些希腊语学得不好的同学请皮萨列夫这样做的。皮萨列夫在这一时期宗教感很强，属于一个信教的大学生小组，他们发誓终身守节。[1]

皮萨列夫在1859年夏天经历了一次深刻的精神危机。看来，他在这一时期失去宗教信仰并成为唯物主义拥护者。他写道："1859年秋天，我在放假回来后处于某种兴奋的状态。我在脑海中推倒一切卡兹别克山和勃朗峰，把自己看成一位巨人、盗取圣火的普罗米修斯。"他扎进希腊语命运概念问题的研究，劳累过度并陷入冷淡消沉，最终患上精神疾

---

[1] 参看：Лапшин И. *La phénomenologie de la consciouse religiouse dans la littérature russe.* Изд. Свободного Русского Университета в Праге. № 35. C.25—28.

第十一章 虚无主义。流氓习气

病，在施泰因博士的医院里花了4个月时间治疗。他在患病期间企图自杀。他想象自己"被折磨、打死或活埋"。"我的怀疑超出了边界，开始否定白天和黑夜的存在。""甚至光明与黑暗、天上的月亮和太阳也形同布景，融入一片巨大的神秘当中。"[①] 皮萨列夫在康复后完成大学课程，1861年春天起开始为《俄罗斯言论》杂志工作。

菲尔克斯男爵于1862年在政府授意下用笔名舍多-费罗蒂写了一本攻击赫尔岑活动的小册子。皮萨列夫在这一时期对政府的一些行为感到恼火，如查禁《俄罗斯言论》、关闭星期日学校和大众书屋等，他写了一篇文章为赫尔岑辩护，并在文章中谈到必须革命和推翻罗曼诺夫王朝。文章在地下印刷所刊印，在流入社会以前被警察截获。皮萨列夫被逮捕并关进彼得保罗要塞，坐了4年牢。他于1866年11月在母亲担保下获释。他的大部分在俄国社会有巨大影响的文章是在彼得保罗要塞坐牢时写的。

皮萨列夫在获释后很快便感到精力急剧衰退。他在给

[①] 参看：Плоткин Л. *Д.И.Писарев*. Л., 1940. 普洛特金在谈皮萨列夫的精神危机时，只字未提他刚上大学时信过教。

屠格涅夫的信中写道:"我的整个神经系统都受到重获自由的震动。""您自己看,这封信写得多么不连贯,我的手抖得多么厉害啊。"1868年夏天他去里加边上的杜别纳海滨浴场,7月4日在游泳时溺亡。《事业》杂志(皮萨列夫曾为该杂志撰稿)编者布拉戈斯韦特洛夫在7月10日写信给尼·瓦·谢尔古诺夫:"皮萨列夫溺亡,也就是说,在精神失常中落水。"谢尔古诺夫在《回忆录》中引用了布拉戈斯韦特洛夫的这句话,并补充说:"我不知道,皮萨列夫真的在精神失常中落水,还是这只是布拉戈斯韦特洛夫的猜测。"[1]

皮萨列夫经历4年的监禁生活后重获自由,与挚爱的母亲相处(他把最重要的一篇文章《现实主义者》献给母亲,她是他最好的朋友),母亲是一位信教的妇女,而皮萨列夫容易对新感受着迷,很可能在一生中再度经历深刻的精神危机,最终患上疾病,这一点从他给屠格涅夫的信中看得出来。他在1867年写的《为了活着》一文中描写了抑郁症患者

---

[1] Шелгунов Н.В. *Сочинения*. Т.II. С.698.

的内心状态。"被称为抑郁症的精神失常的主要表现是，患者看到危险从四面八方逼近他，经常感到死一般的恐惧。抑郁症患者不断寻死，想方设法了结自己，正是因为他们经常为活着担惊受怕，这种慢性的恐惧感确实对人构成最不堪忍受的拷打。"毫无疑问，他描写的是自己在1859年企图自杀时所经历的内心经验，这种经验可能在他出狱后精力衰退时再次出现。如果皮萨列夫这一时期再次患上抑郁症，那么，布拉戈斯韦特洛夫说他是自杀便合乎情理。倘若才华出众的皮萨列夫没有在27岁时殒命，他也许会在度过第二次精神危机后，为俄国书刊献上比他在狱中所写更有意义的作品。

皮萨列夫是一位政论家、自然科学学术著作普及者和文艺批评家。他拥护一种同时代体现在摩莱肖特、卡尔·福格特和路德维希·毕希纳作品里的粗陋形式的唯物主义。他在《摩莱肖特生理学草稿》一文中抱有同感地阐发摩莱肖特关于人的内心主要取决于食物的议论。他写道："可以大胆地假设，食物的多样化导致血液成分的多样化，是才智多面性和各种力量与性格意愿和谐平衡的基础。"欧洲人食用的植物和肉类极其多样。"因此在欧洲人身上没有捕猎部落所典型的野性，也没有以根类和蔬菜为食的印度人所特有的昏睡。""始于18世纪的思想运动与在欧洲开始普遍饮用咖啡和茶同步。"

皮萨列夫写这篇文章时20岁，他在掌握这种原始的唯物主义后，以为从自然科学中能够汲取一切智慧。由此可以理解，他在同年发表的《俄国的堂吉诃德》（伊·瓦·基列耶夫斯基）一文中写道："思辨哲学是无目的的奢华，白白消耗智力。"皮萨列夫在同样写于1861年的文章《19世纪经院哲学》中劝告摆脱权威，写道："如果权威是假的，那么怀疑就把它打碎，并且做得很好；而如果它是必要的或有益的，那时怀疑就把它在手中翻转，上下左右查看并放回原位。一句话，这就是我们阵营的最后通牒（ultimatum）：能打碎的，就要把它打碎；经得起打击的才是合适的；一打就碎的是垃圾。至少，左右敲打一下，不会有害也不可能有害。"他在这篇文章中已宣称，"明智的利己主义是正当行为"。个性自由对皮萨列夫尤其珍贵。他写道，文学应该"把人从各种限制下解放出来"，应该根除"思想的胆怯"，"帮派成见和传承的权威"。要抛弃这些"过时的垃圾"，它"妨碍自由呼吸和向各方面发展"。皮萨列夫不认为个人摆脱宗教规定、阶层习俗和社会生活传统根基有害，因为在他看来，"人生来是善良的生物"。

第十一章 虚无主义。流氓习气

1862年屠格涅夫的长篇小说《父与子》发表后，许多年轻人感到委屈，认为屠格涅夫用巴扎罗夫的形象为他们画漫画像。相反，皮萨列夫却在《巴扎罗夫》一文中赞扬这位虚无主义者。他写道，巴扎罗夫认为"理想"和"浪漫主义"是"胡说八道"，但"他不偷别人的手帕，不拿父母的钱，埋头干活"；他是个"实诚"人。这就是他的"个人品位"，正如个人品位阻止他吃腐肉一样。但除品位之外还有"计算"：聪明人明白，"做老实人有利""犯罪有害，因此也不合适"。"他不承认在自己上面、自己外面和自己里面，有任何标准、任何道德法则和任何原则"；他"只按他想要或觉得有利和合适的去做"；他"认为让自己受任何限制都纯属多余"。

的确，皮萨列夫承认，屠格涅夫笔下的巴扎罗夫"缺乏教养"，他有时候"满嘴胡说"，例如，"匆忙地否定所不理解的事：诗歌在他看来是胡诌八扯；读普希金的诗等于浪费时间；听音乐可笑；欣赏大自然荒唐"。皮萨列夫认为，屠格涅夫把这些缺点加在巴扎罗夫身上，因为他作为一名"贵族"，不会对虚无主义者抱好感，而身为一名好的艺术家，"屠格涅夫为巴扎罗夫正名，并对他作出应有的评价。巴扎罗夫经过考验后变得纯洁而坚定"，"屠格涅夫对这类人提不出任何重大的指责"。皮萨列夫将"大艺术家"长篇小说的意义表述为:"现在的年轻人容易着迷和走极端,但迷恋本身显示出新鲜的力量和不被收买的才智。"皮萨列夫指出巴扎罗夫狭隘、否定诗歌和音乐;我们在皮萨列夫以后的作品中会找到同样一些否定,这表示屠格涅夫正确地看到虚无主义者的缺点。

我们已经看到,皮萨列夫否定道德法则和原则;他劝导人"按他想要或觉得有利和合适的"去做,并认为"让自己受任何限制都纯属多余"。他宣扬利己主义,但补充说,在有思想的人身上,这是一种遵循正当"计算"的"明智的利己主义"。现在我们来看一看,什么是正当计算。皮萨列夫在《现实主义者》文章中写道,明智的利己主义者是"有思想的现实主义者"。他固有"为自己终生储备新鲜养分的成熟之人的自觉与深刻计算的利己主义"。有思想的现实主义者遵循"公共利益或人类普遍团结的理念",因为人"需要同别人结伙","一个人的命运取决于所有人的命运"。于是,明智的利己主义"与最自觉的仁爱的结果相吻合"。有思想的现实主义者的生命意义是"爱、知识与劳动"。普洛特金把这里的"爱"一词的含意破解为:"皮萨列夫把革命

第十一章 虚无主义。流氓习气

和社会主义群众运动的领袖称为爱的巨人。"①

皮萨列夫在《有思想的无产阶级》一文中立志描绘同时代"新人"的性格和行为,这些新人是像巴扎罗夫,尤其像车尔尼雪夫斯基长篇小说《怎么办?》里的主要人物——洛普霍夫、基尔萨诺夫和薇拉·巴甫洛夫娜那样的人。提到巴扎罗夫的名字,显然他指的是俄国继屠格涅夫后开始被称为虚无主义者的那些"新人"。我们在车尔尼雪夫斯基的长篇小说里面找到对正当行为的同样概括,与皮萨列夫在赞扬巴扎罗夫和"明智的利己主义"时给出的一样。因此能够确定,皮萨列夫的虚无主义原则在他之前已由车尔尼雪夫斯基加以表述。

车尔尼雪夫斯基在长篇小说中写道:"人只受利益计算支配。"在洛普霍夫看来,"为别人的利益工作并享受这种工作",就是最大利益。如果人们都会这样正当计算,那么,"谁也不会强迫谁","所有人都应该幸福"。皮萨列夫对这种关于正当计算的利己主义学说大加赞赏。他写道,

---

① Плоткин Л. *Писарев и литературно-общественное движение шестидесятых годов*. 1945. С.253, 320.

"有思想的无产者"在热爱的劳动中得到满足。对这种人来说"不存在向往与道德责任、自私与仁爱的分歧"。"自尊的需要和害怕自身审判比阻挡老实的人干各种坏事的道德围栏都更加坚固。""新人"固有以下三个特点：（1）热爱一切公益劳动；（2）个人利益与公共利益一致；（3）才智与情感和谐。长篇小说《怎么办？》中的医学教授、开业医生基尔萨诺夫具备这样的特点：他酷爱科学且用科学医治病人。洛普霍夫和开办缝纫合作社的薇拉·巴甫洛夫娜在生活中遵循类似的动机。皮萨列夫写道，他们都是"会计算的利己主义者"，"平凡的、诚实的和正派的人"。

现在我们来仔细看一下，长篇小说《怎么办？》的主人公是怎样说服自己和让别人相信，他们在行为中遵循的是利己主义。医学系大学生洛普霍夫希望成为一名教授，献身他所热爱的科学，为了挣到钱娶薇拉·巴甫洛夫娜为妻，使她摆脱底层家庭环境，他放弃了这些梦想。他的朋友、当上教授的基尔萨诺夫爱上了薇拉·巴甫洛夫娜，但不愿意妨碍朋友的幸福，就当着他们的面说些俗气话，让他们疏远自己，并以此断绝联系。基尔萨诺夫不想称自己的行为是高尚的，因为高尚是"华丽、含混和晦涩的字眼"。他说，他是利己主义者，他的行为经过计算。"要诚实，就是说要计算"——这是他的行为准则(第3章第17节)。如果人评价自己的某种行为是"英雄壮举",那么,这就是"利己主义让你的姿态掉了个过儿,你打扮成那个一心想要行为高尚的人"(第3章第22节)。几年后洛普霍夫患病,为了给他治病,基尔萨诺夫重新回到洛普霍夫家里;到这时薇拉·巴甫洛夫娜和基尔萨诺夫才明白,他们彼此爱得很深。洛普霍夫看出这一点,为了让妻子解脱而伪装自杀,去了美国,几年后化名彼尤蒙特先生归来。车尔尼雪夫斯基写道,洛普霍夫深爱妻子,甘愿为她"去死,去承受各种痛苦"。但洛普霍夫本人这样解释自己的行为:"下决心不妨碍她的幸福时,我是为自己的利益做的。"(第4章第1节)基尔萨诺夫也说,"他做一切都出于自私的计算,为了让自己好受"(第4章第2节)。有意思的是,这位唯物主义者用"道德原因"来解释他的一名女患者患上痨病和精力衰退(第5章)。

普洛特金在《皮萨列夫》一书中把皮萨列夫的政治观点界定为在两种纲领之间摇摆:他时而赞成革命,时而赞成"有思想的现实主义者"实现的和平进步(第104页)。皮萨列夫在《有思想的无产阶级》一文中写道,社会上的恶产生于贫穷和游手好闲:有的人劳动,有的人却不劳而获。但能够寄希望于"思想会更新整个社会制度"。使资本家受到充分的、牢固的和纯粹是人的教育,他"就会成为有思想和会计算的人民劳动的领导者,而不是行善的慈善家,也就是比任何慈善家都有益百倍的人"(《现实主义者》,第32章)。皮萨列夫认为,解释大自然,也就是发展自然科学,尤其导致社会存在的改变。普洛特金在稍后的作品中理解皮萨列夫的和平进步学说并非拒绝革命,而是其最低纲领。

皮萨列夫的虚无主义成分还包括否定美学。他片面地专注于同社会上的恶作斗争的问题,写下《美学的毁灭》一文。他在文章中从否定美学是关于美好的科学落笔。他认为,美好对每个人来说是符合其个人品位的东西。因此,美学不能够作为科学存在:它应该被生理学和卫生学的部分章节所代替,这些章节包含关于愉快和有益感觉的学说。皮萨列夫在辨明美学不是一门科学后,又对美学是在艺术作品中探寻美发起攻击。他赞同的只有那些不把自己变为"奢华的仆人"而服务于"根除贫穷和愚昧"远大目标的艺术作品。他在《瞧着吧!》一文中提出以下想法:只有文学能够这样为人类服务,音乐、绘画和雕塑则不适合这一目标,因此是无益的。

无论车尔尼雪夫斯基还是皮萨列夫,都片面地专注于根除社会上的恶的问题,以及关于社会公正的问题。他们对人的行为的理想都非常高。然而我们提出这样一个问题：他们的理论是否正确？按照这种理论，他们劝导的行为是一种利己主义。人的各种行为都基于对某种目标的追求，这种目标被他看作有积极价值。我们把我追求实现的存在，例如，经我医治的儿童康复，称为"追求的客观内容"。当人实现追求的客观内容时，会感到主观上的愉快和满足。不仅车尔尼雪夫斯基和皮萨列夫，还有许多重要的哲学家，例如，约翰·斯图亚特·穆勒、赫伯特·斯宾塞等，在观察到这一事实时都坚持以下学说，即人的一切行为的真正目的是愉快，追求的客观内容不是目的，只是获得愉快的手段。由此得出结论，利己主义构成人的一切行为的基础。斯宾塞等哲学家在碰到以下事实时，如人在争取政治自由的斗争中牺牲生命，或医生在鼠疫期间奋不顾身的表现等，便想出复杂机巧的理论来解释，怎样在利己主义的基础上产生出利他主义行为。这些理论的产生不仅是粗略观察事实的结果，还受到关于世界结构的以下学说影响。按照这种学说，人的整个存在都处在身体所占据的空间范围内，他的身体的生理过程及其主观心理状态都发生在这个空间内。由此自然产生出人的一切行为都受其利己主义左右的想法。关于世界是众多存在物彼此孤立存在的此类学说可称为无机学说。

我们试着不抱先入为主的关于世界结构的理论来观察人的行为。假设我为喜爱的儿童治病，并在看到他康复时感到愉快，什么是我的行为的目的，是儿童的健康还是我的愉快感？对这个问题的正确回答当然是：儿童的健康是我治病行为的目的，而愉快感只是我实现目的的主观标志；我看重的不是我的愉快，而是儿童的健康。当然，由此产生出一个问题：如若我能够把其他存在物的利益放在心上，如同它们是我的自身利益一样，我的"我"和其他一切存在物如何联系在一起。对这个问题的回答是有机世界观，按照这种学说，一切存在物的存在彼此在内部隐秘地联系，以至于我不是封闭在自己的存在，而是能够观察到旁人的存在，对他产生同情或不产生同情都如此直接，如同对自己生命的各方面一样。个体的个人的爱在于，我把旁人的存在融入自己的"我"里面，他对我来说变得如此珍贵，如同我的自身存在一样，有时甚至更加珍贵。

其他个人及其生命的价值可以成为我的行为的目的，而不取决于是否对我有利。其他一些积极价值，例如发现真理、创造艺术作品等，也可以成为人的行为目的，而不加任何个人利益计算。由此而产生以下悖谬的现象：甚至严重自私的行为有时也遵循复杂的动机，因此不是单纯的利己主义

第十一章 虚无主义。流氓习气

的表现。假设在战争期间,在攻陷敌人地域时,一位将军、艺术爱好者,对某幅画的美心生赞叹,从主人那里把画夺走并据为己有。在这一自私行为中包含热爱美的成分,也就是与个人利益无关的对客观价值的爱。①

尽管百分之百的利己主义很少碰到,但我们人所属的存在王国总归由很大程度上是自私的存在物组成。我们的粗糙的物质形体本身是自私活动的结果:我和充当我的器官的低级存在物,我们一起实施排斥行为,形成相对不可穿透的身体体积,占据一定的空间为自己独享。我们的存在王国由于我们的利己而充满缺陷,其中不可能有完美的和谐。绝对之善只在神的国中实现,它由毫无利己之心的个性组成,他们确实爱上帝胜过爱自己、爱邻人如同爱自己。甚至这种个性的身体也不是物质的,而是经过改造的,自身不包含排斥行为。神的国的成员的一切活动都以创造道德之善、美和认识真理等绝对价值为目的。在这个国里才有绝对之善。在我们的自私的存在物王国,我们在许多情况下感受到对行为加以

---

① 在笔者的《世界观的类型》一书中阐述了无机世界观和有机世界观学说,在《绝对之善的条件》一书中则阐述了有机世界观在道德问题上的应用。

完善的向往，在这些行为中我们为较不重要的相对存在而舍弃更重要的存在，例如，人有时候想要玩牌而不是照料生病的家人。在这种情况下良心会责备他，他也会放弃愉快的消遣，去完成道德责任的意旨，感受它们为生命的沉重方面。由此可以清楚，这种表现在宗教规定和道德原则上的良心要求，在自私的存在物王国是节制利己主义和完善生命的必要手段。虚无主义者皮萨列夫宣扬的抛弃一切原则、只做"想要"之事是严重的错误。皮萨列夫所迷恋的仁爱行为的理想不可能在他的"会计算的利己主义"理论基础上充分实现；在这条道路上经常需要服务于善而不加任何"计算"。

皮萨列夫和车尔尼雪夫斯基提出把所有人的所有表现都归结为利己主义的错误理论，有其捍卫这种理论的心理动机，即不喜欢华丽夸张的词句。他们两人在行为中都远离利己主义并迷恋社会公正理念，但情感上的纯洁却促使他们不仅对别人也对自己说，似乎这种行为只是"会计算的利己主义"。由于皮萨列夫的善良、高贵和良好的教养，他的虚无主义没有表现在生活中有负面行为上。政论家谢尔古诺夫在《回忆录》中这样概括皮萨列夫的"利己主义"："皮萨列夫希望每个人都独立地思考，在公义、善、爱和公正的普遍原则下安排自己的生活，由自己来做而不必听从局部的指示。这就是他所宣扬的利己主义理论。"(《文集》,第2卷,第710页)谢尔古诺夫本人是这种虚无主义和臆想出来的"利己主义"的宣扬者和身体力行者。尼·康·米海洛夫斯基在《谢尔古诺夫》一文中对其性格和关于正当行为的学说作了如下刻画:谢尔古诺夫兼备"男性和女性的最佳方面:刚柔相济"。他把利己主义看作唯一原则和道德基础,"条件是个人视野有一定广度,能把旁人利益如同自身利益容括进去"。他反对"唯我主义",也就是"反对狭隘和片面的人的利己主义,这种人就只看到自己鼻子下面"。

皮萨列夫的虚无主义表现为否定宗教规定、道德法则、原则和社会生活传统形式,却没有表现在他的个人举止中有负面行为上。但许多俄罗斯人在皮萨列夫的政论活动以前表现出来的虚无主义却令人不快,甚至是俄国社会生活中的有害现象。就连许多虚无主义者的外表也不吸引人——衣着随便,男人头发蓬乱,姑娘们留难看的短发,举止粗野,所有这些令人反感的特点在他们当中很常见。他们的所作所为更令人反感:自由恋爱却不关心会怀上孩子,在财产关系上的一套规矩是"我的都是我的,你的也都是我的",维护权利却不承认义务,大不敬地否定宗教,等等。俄国文学作品从完全不同的方面刻画出虚无主义的这些消极表现。冈察洛夫的长篇小说《悬崖》中的马尔克·沃洛霍夫是这种人。他揪别人果园里的苹果,说:"我在生活中习惯做什么事都不经允许,不经同意就摘苹果:这样更甜!"他穿走拉伊斯基的好衣服却不还给人家。他想要占有薇拉,对她说,"嫁人多荒唐"。"您还不是女人,而是花骨朵;您还需要绽放,变成女人;我请您试一试。"薇拉想要一生的幸福,马尔克却说:"得手了,就溜掉。"他否定"责任""道德",劝导"由着感受来"。列斯科夫在《三执事》中非常可笑地刻画出愚蠢而诚实的不信神者瓦尔纳瓦·普列波坚斯基和糊涂的比久金娜。

虚无主义者在陀思妥耶夫斯基的长篇小说中得到最出色和多样化的表现,例如,在《白痴》中安基普·布尔多夫斯基及其同伙的行为,他们向梅什金公爵索要遗产,而实际上布尔多夫斯基没有任何权利继承。长篇小说《群魔》刻画出虚无主义极端形式的撒旦一面,集中表现在谋害沙托夫的彼得·韦尔霍文斯基身上。陀思妥耶夫斯基在写这部长篇小说时,现实中涅恰耶夫领导下的"人民惩治会"犯下类似罪行。

米哈伊尔·巴枯宁针对涅恰耶夫写的《要理问答》概括了其虚无主义。其中下列规则尤为典型:1.在他身上一切都被"唯一的热情"所吞噬。2.他断绝与公民秩序、整个文化世界、这个世界的体面、普遍接受的条件和道德感的一切联系。3.他只知道一门科学——破坏的科学。4.凡有助于胜利的对他来说都是道德的,凡妨碍他的都是不道德与罪恶的。……22.同志会除了人民即劳苦大众的解放和幸福,没有其他目的。未来的组织由人民建立,现在只需要"可怕、完全、到处和无情的破坏"。

虚无主义者开始在俄国现身是在沙皇亚历山大二世大改革发轫以前。这一时期在文学作品和社会生活中出现了受过教育的平民知识分子,这是一些失去阶级特性的人——神职人员的孩子离开神职阶层,商人的孩子离开商人阶层,小市民的孩子成为有文化的知识分子,还有一些是小官僚的孩子。这一时期由于知识分子不满现存的农奴制和尼古拉一世反动专制制度的严重缺陷而爆发革命骚动。革命者把教会看作反动势力,不仅远离宗教,甚至成为无神论者。被称为虚无主义的运动主要在他们当中出现,表现为屠格涅夫长篇小说中所描写的否定"父辈"原则和风气。1861年实行的农奴制改革没有使他们满足。农民得到的份地在划分和位置上使其在经济活动中很大程度上仍依赖于地主。发生这种情况是因为,俄国沙皇同任何绝对君主一样,当然并非全能:其政权依靠贵族阶层，为实现农民解放必须对地主作出极大让步。何况贵族阶层的突然破产在当时不啻文化的消亡和整个国家生活的毁灭。亚历山大二世的改革对于整个国家和社会生活来说是深刻变革；因此必须首先通过和平演进的方式消化这些改革，然后再转向彻底改善农民的状况，以立宪君主制形式的政治自治来完成地方经济自治。但在政治上没有经验的俄国知识分子当中，骚动在改革后非但没有减弱，反而加强了，虚无主义盛行开来。

虚无主义和俄罗斯人的主要特点并不矛盾。大多数虚无主义者在远离宗教和成为唯物主义者后，仍痴迷于根除社会生活中的恶。他们用尘世的物质富足理念来代替基督教神的国的绝对之善理想。在断离社会生活传统根基时，他们经常表现出俄罗斯人特有的极端主义和过激主义，以及大胆用经验考验价值，确实是照皮萨列夫的规矩："能打碎的，就要把它打碎。"由此可见，虚无主义是俄罗斯人好的品质的背面。

幸运的是，19世纪60年代的革命运动没有成功。在俄国知识分子中有许多为实行亚历山大二世改革尽职尽责工作的人，他们可能是调停官、治安法官和律师，以及地方自治人士和城市自治活动家。俄罗斯人生活中的一切缺点

1861年，沙皇亚历山大二世签署了关于废除农奴制的宣言，解放农奴

都循序渐进地加以克服，尤其在1905年废除专制制度以后。

2. 流氓习气

脱离"父辈"生活方式、失去宗教在有文化的俄罗斯人当中经常导致虚无主义，而在文化不高的人民大众、在农民和工人中则表现为胡作非为和流氓习气。按陀思妥耶夫斯基所说，俄罗斯人在失去根基并开始造反后，感到需要"走过头儿，需要喘不上气的感觉，走到悬崖边上，半个身子探下去，望一眼那深渊——疯子似的一头栽下去"。陀思妥耶夫斯基讲了一个农村小伙子的故事作为例证。小伙子"出于骄傲"动手做一件最放肆的事，并且做了这件事——朝圣体血开枪。他在开枪的瞬间看到眼前有"十字架，上面有受难者"，于是昏了过去。悔恨的痛苦使他在几年后爬到修道院"长老"面前，为自己的罪过忏悔（《作家日记》，1873年5月）。

20世纪流氓习气在普通人当中开始大行其道。伊·亚·罗季昂诺夫在《我们的罪》一书中讲了这个问题，该书在1909年出了第1版。书中讲述几个农村小子在喝醉酒

第十一章 虚无主义。流氓习气

后把农民伊万·基里利耶夫揍个半死，为的是报复他把一俄亩地块租给其他农民，而不是这伙人中某人的父亲。伊万在从城里回村子的路上挨了打，被人发现时已经昏迷；他被抬到地方自治局医院，几天后在那里咽了气。涉嫌殴打伊万的小子们被抓走，但因证据不足几天后被放回来。伊万的母亲阿库利娜和妻子卡捷琳娜把伊万的棺材从医院拉回村里下葬。打死伊万的小子们碰巧走的也是这条路。他们说说笑笑，庆幸自己被放出来，没有被判服苦役。在经过拉伊万棺材的马车时，一个叫洛博夫的小子开口道："你们的万纽赫呀，他这会子舒服了。自个儿安稳躺着，啥心也不操，我们可为他吃了不少苦头……"他开口说话时板着脸，但冷不丁嘴角动了一下，一张表情多变的脸不由自主地笑歪了。他想要忍住笑，但瞟了一眼同伴，忍不住大笑起来。"你怎么了，见着鬼了？"萨什卡·斯捷潘诺夫（殴打伊万的主谋）低声呵斥道，但他也立刻开始咬嘴唇，嘴角被一种难以抑制的力量冲开了。洛博夫和萨什卡突如其来的笑把其余两个同伴也传染了。他们背过身去，捂着肚子，笑得直哼哧。

阿库利娜被杀人犯的嬉笑激怒了。

"看你们那样不像吃了多大苦头，"她说道，"看样子你们脱了干系，才这么欢实，我们却再也喊不回来……再也看不见活着的万纽什卡，养活我们的人了……"阿库利娜忍不住哭起来。

"怎么没吃苦头呢？阿库利娜大婶，平白无故地遭这份罪。"洛博夫开口道。他那张没留胡子的、不正经的脸抽动着，肆无忌惮地笑着，他已经不想掩饰了。相反，他想要说点什么给自己和同伴寻开心。

"没人知道谁把他打死的；许是他自个儿喝了酒摔跟头，把脑袋磕在石头上，倒拿我们问罪。推来搡去过堂、蹲号子，用自己的肉和血喂牢里的虱子臭虫……"

小子们笑得比刚才放肆多了。

"唉，你们这些不信神的……不戴十字架的。打死了人还在他的棺材上头笑，没爹教的玩意儿……"阿库利娜嗔怪地摇头说道。

"娘啊，别再和他们缠了，丢下吧。放开吧……狗叫风刮走。"卡捷琳娜说道。

"不能放过这些……混账东西，这群浑蛋，"阿库利娜气得没了力气，满脸是泪地数落道，"老天怎么不睁眼，治治这帮恶棍……地怎么不裂开，埋了这群浑蛋。"

第十一章　虚无主义。流氓习气

洛博夫冒着贼光的眼珠子更亮了。①

不仅在农民中间,在俄国社会其他阶层中,年轻人一旦对善的存在产生怀疑,由于不具备成熟稳重的性格,且以活跃冲动见长,就能够做出令人瞠目的流氓举动。列米佐夫在长篇小说《池塘》中讲述莫斯科一个家庭的变迁,显然是基于对现实事件的观察。这是一户商人家庭,父亲死了,没过多久母亲也上吊了;孤儿们被叔叔收留,住在叔叔工厂院子的厢房里。这些孩子本质上是善良的,但他们观察到周围的不公正和残忍现象,他们经常受欺负,贫困且每走一步都感到寄人篱下,便不再相信善。他们凡事都看消极面,并为此报复,嘲弄一切,做出令人咋舌的流氓举动。例如,他们把厩肥抹到来做客的小男孩身上,甚至给他喂鸡屎。他们认识许多神职人员,同其中几位要好,却给人家起嘲讽甚至恶心的外号,例如,阿尔费神父——奶头,约瑟夫神父——跳蚤,根纳季神父——河床颈,尼科季姆神父——虱卵,尼基塔神父——肠虫。但他们有时也对宗教着迷,开始读圣经,

---

① Родионов И.А. *Наше преступление.* 7-е изд. Берлин, 1922. С.130 и след.

在家里诵弗坐词①、做恳祷。

  这些无人照管的儿童是怎样变得流里流气的，在了解其中一人对生活的感知后便能生动地想象出来。他回忆起那些日子，"穷困轻轻地敲门，潦倒的忠实伴侣——一时一刻也不会把你忘记。放她进来，接待这位破衣烂衫、骨瘦如柴、秃头顶、肿眼泡、眼泪吧嗒的老妪。怎能不接待呢！她就好像圪蹴在一个角落里过冬。肿胀发霉的下巴颏儿把她的嘴吊歪了，她声音嘶哑地、鼻子齉齉地哼着自己的歌：'小乖乖，小亲亲，我想吃东西；给点儿吃的吧，小宝贝，哪怕馊了的，小亲亲！'在她身旁蟑螂窸窣作响，老鼠在啃，臭虫在挤。"

---

① 弗坐词，又称基督蒙难弗坐词。——编者注

结 语
CONCLUSION

最后我们来看一下勒格拉和巴林对俄罗斯人性格的总结。勒格拉在《俄罗斯人》一书最后一章给出俄罗斯人主要特点的下列清单：天生优雅，迷人，好客，柔软，爱孩子，温和，灵活，有才智，善演讲，好安逸，人道，友善，怜悯受苦人，大度，慷慨，无组织性。勒格拉写道，在俄罗斯人中间生活一段时间，会产生对他们的爱（第281页）。我再从勒格拉的书的其他地方引一些意见。他指出，俄罗斯人狂热地迷恋某件事，而后突然转向其他事情，易冲动，缺少节制原则，思想大胆，但有许多错误观念，在道德行为方面不注重平衡，缺乏分寸，工作不认真，脏，酗酒。

巴林在《俄罗斯人》一书中给出俄罗斯人积极和消极特点的下列清单：1.灵活性和由此而来的人道精神，善同化，头脑灵活，真诚，思想风气自由。但俄罗斯人身上也存在由灵活性而来的消极特点，包括放纵任性，缺少独特性，浮于表面，没有骨气（lack of backbone），缺乏个体约束并因此缺乏政治自由。2.由灵活性而来的缺少节制原则，巴林由此引申出积极品质——精力旺盛和思想大胆，但也引申出消极品质，包括举止乖张，缺乏分寸感，行为胆怯，从精力旺盛到无所作为，从乐观到悲观，从叛乱到服从，害怕负责任。3.巴林在大俄罗斯人身上找到与灵活性相对立的实证性、实在感和健全理智，由此引申出积极品质——忍耐和目标一致，以及消极品质——缺少个体性、独立性和公民勇气。巴林做了一项很有意思的独特尝试：想要具体地刻画出英国人和俄罗斯人的主要特点总和。他写道，在每个英国人身上都结合了亨利八世、约翰·弥尔顿和匹克威克先生的性格，而在每个俄罗斯人身上都结合着彼得大帝、梅什金公爵和赫列斯塔科夫的形象。①

巴林在《俄国的主要根源》一书中关于俄国和俄罗斯人所谈的内容尤其值得玩味。他在这本书结尾一章《俄国的魅力》中写道，魔鬼的辩护士（advocatus diaboli——天主教会称要列出受封的圣徒缺点的人）将要指出俄国的

---

① Baring M. *The Russian People*. 1911. P. 54 f.

许多缺点。"俄国这个国家气候不好,夏季干燥,收成不保,有时可致饥荒,冬季漫长难熬,春季潮湿多病,秋季更使人生病;这个国家的首都建在沼泽地上,几乎没有好路可走,外省城市则像壮大起来的农村,肮脏、低矮、乏味,既无自然之美也无艺术装饰;这个国家的内部交通除铁路干线外复杂难行,在最好的线路上也会因枕木朽烂而发生翻车事故;生活费用高,支出与所得产品的质量不成正比;人工贵、不好又慢;居民生活的卫生条件很差;各种疾病多发,包括鼠疫;医疗救助和设备不足;穷人落后愚昧,中产阶级则漫不经心;进步被有意拦挡,受到各种阻碍;这个国家靠机会管理,各种行政手续都随意、不可靠且费时;各种实业手续都庞杂和拖拉;贿赂在实业和行政领域是必要手段;这个国家养着大批官吏,大都懒惰、受贿和不懂行;这个国家没有政治自由和公民基本权利;甚至音乐会节目单和所有外国书报都要经过审查;出版自由被各种吹毛求疵所限制,出版人经常被罚款,有时被逮捕;信仰自由被限制;在这个国家,炸药是个人唯一可及的政治论据,政治谋杀是公民勇气的唯一形式;这个国家管理糟糕;这个国家有各种纵容却没有法律;每个人做事都不考虑邻居;你随便做什么都行,只是不能批评任何事;证明

俄罗斯人的性格
Характер русского народа

你有勇气坚持信念的唯一方式是坐几年牢;这个国家走极端,道德放任,乖张放纵;人们不会控制情感,缺乏自我约束;人们否定一切、批判一切却从不行动;人们眼红一切和一切冒尖出头者;对一切个体独特性和差异都抱怀疑态度;人们受一成不变的平庸和刻板的官僚形式奴役;人们具有东方的一切缺点却不具备其任何一种严峻的美德、优点和内在约束;溜须拍马的官吏领导下的无用的叛乱者民族;这个国家掌权的人惶惶不可终日,影响可能来自四面八方——无论发生什么,都不会如此荒唐;正如国家杜马所说的有无限可能的国家。"[1]

"魔鬼的辩护士"指出俄国的无数缺点,尽管如此,巴林写道,"我爱这个国家,对这个民族怀有敬意,感到惊奇"(《俄国的主要根源》,第316页)。"俄国的缺点是它的积极品质的背面,这些品质如此重要,以至于压倒缺点。"巴林也指出俄国大自然中的胜景:屠格涅夫笔下的风景,春的迷人,冬的美。他在俄国发现了罕见之美:

---

[1] Baring M. *The Mainsprings of Russia*. 1914. PP. 313—315.

俄罗斯歌曲和音乐动人心弦；俄罗斯诗歌最接近大自然和人；人的爱最接近上帝。"俄罗斯心灵充满人的基督教之爱，这种爱比我在其他民族的人身上看到的都更温暖、更朴实和更真诚"；"由此而来俄罗斯音乐的穿透力，以及宗教、举止、交往、歌曲、诗歌、艺术、活动——一言以蔽之，艺术、生活和信仰的真诚与质朴。"（上引书，第318页）"对我来说，俄国充满独一无二的令人倾倒的魅力。"（上引书，第321页）"俄罗斯人身上让我热爱和惊奇的不是那些蛮荒、如画或异域的风情，而是某种永恒、具有普遍意义和伟大之物——即他们对人的爱和信仰上帝。"（上引书，第322页）

巴林关于大俄罗斯人和小俄罗斯人的性格差异写道，他们是更靠近北方和更靠近南方的俄罗斯人，正如皮埃蒙特的意大利人和南方意大利人，或者北方法国人和南方法国人。小俄罗斯人较为闲适，较少进取，他们头脑更灵活，想象力更活跃，较不积极，更具个体性，大俄罗斯人则倾向于合作。在大俄罗斯人的斯拉夫种族中融入芬兰人而不是鞑靼人血液；鞑靼人对俄国产生过政治影响，但不是种族影响。巴林用融入芬兰人血液来解释大俄罗斯人的顽强等性格特征。①

勒鲁瓦-博利厄在关于俄国的书中指出，大俄罗斯人和小俄罗斯人，北方种族和南方种族，在性格上相互补充；他写道，这种统一"会创造出所有伟大民族之伟大"（《沙皇的帝国和俄国人》，第1卷第2部第4章）。乌克兰分离主义者理应明白，将两个俄罗斯种族划分为两个国家会降低俄罗斯人在历史进程中的意义和价值。

巴林所列举的俄罗斯人的缺点大多确实存在，但他正确地指出，这些缺点是俄罗斯人的积极特点的背面，积极特点"如此重要，以至于压倒缺点"。我在以上各章也同样解释了俄罗斯人的缺点。然而巴林所说的缺乏政治自由和公民自由、信仰自由、出版自由等，却是不正确的。俄国在1905年得到上述自由。的确，这些自由在1908年以前未能充分实现，前两届国家杜马不善于同政府合作。但在选举法改变后，第三届和第四届杜马已开始形成与行政机关越来越有成果的合作，俄国也迅速开始朝建立更高形式

---

① Baring M. *The Russian people*. P. 34 s.

的民主方向前进。①

至于腐败，这种情况在俄国得到很大根治。在侨居西欧和美国时，我们观察到比俄国普遍得多的腐败现象。至于官僚主义，它在一些部门曾非常严重，例如，从维特时起的财政部以及农业部，但到处都有不少热爱俄国和为国尽忠的官员。

20世纪初是一流文化的鼎盛时期。高等学校教授们的生活充满紧张严肃的劳动；中学，尤其私立学校的教学不断完善；医生、工程师、律师、地方自治活动家拥有较高的文化水平。俄罗斯人的一切优秀品质是这一文化繁荣的源泉。因此可以理解，甚至对俄国抱有敌意的著作家也经常积极评价俄罗斯人。在俄国生活了20年的德国人诺泽尔指出俄国社会的缺点。他写道，政治专制、书报检查和农奴制催生出作为对立物的精神专制，即知识分子将其设定的百姓福祉奉若教条并仇视教会。他把俄国知识分子的理想类型概括为主观主义，也就是脱离现实与乌托邦主义。但他却

---

① 关于第三届和第四届国家杜马怎样同政府一道开展有益的工作，参看科科夫采夫伯爵的《我的过去》一书。

承认，俄罗斯人在改正这些缺点后，将会和西欧一起进步，"许多情况都看好，他们会在某些方面走到我们前面"[1]。

日本人大体上对俄国、对整个欧洲，尤其对基督教持否定态度。但在第一次世界大战期间，《万朝报》（*Ерозу*）登出一篇《俄国庄稼汉农民的文化修养》的文章。文中关于一切俄罗斯人尤其关于农民写道："虔诚地渴望实现理想是俄国农民前程远大的标志。俄罗斯人对信仰的真诚以及感情真挚是他们的突出特征，在一众欧洲民族中异常醒目。这种真诚不单单为农民拥有，所有俄罗斯人都具备。"知识分子受西方影响远离宗教，农民却将它保留下来。"全世界都应特别注意俄国的基督教农民文化，将其视为未来最重要的因素之一"；"农民能够实现真正的民主"。[2]

俄罗斯人好的品质被扭曲是较不普遍的现象。因此可以理解，俄罗斯人在大多数情况下对俄国和俄罗斯民族爱得

---

[1] Nötzel K. *Die Grundlagen des geistigen Russlands*. 1917. S.240.

[2]《大司祭彼得·布尔加科夫。基督教与日本。日本来信（1914—1917年）》，第三封。这本书仅印了30册。洛杉矶加利福尼亚大学图书馆管理员Д.М.克拉索夫斯基给笔者看了他所存的一册。

很深。但在另一方面,由于对各种恶和不完善敏感,他们经常痛骂俄国和俄罗斯民族,仿佛仇恨自己的祖国。普希金在1836年5月18日给妻子的信中说,"谁叫我生在俄国却有心灵和才华",而在半年后,当恰达耶夫发表第一封《哲学书简》对俄国的过去进行贬损时,他给恰达耶夫写道:"我用名誉起誓,为世上任何东西我都不愿意更换祖国,或拥有不同于上帝赐给我们的祖先的历史"。别林斯基在和友人谈话时尖锐地批判俄国;他"扇自己母亲(俄国)耳光"——陀思妥耶夫斯基在《作家日记》中写道。但同时别林斯基写道:"我活得越久和想得越多,就越深切地爱罗斯。""我对俄罗斯亲人的爱是一种痛苦的感情。"格林卡在1841年3月8日的信中写道:"带我离开这里吧——我对这个卑鄙的国家受够了——我受够了。我的一切都被夺走,甚至我对艺术的热情——我最后的避难所。"但同时,据伊·伊·帕纳耶夫在《回忆录》中所讲,格林卡热爱俄国,乐于谈论它的前景。[①] 他用行动表达对俄罗斯人的爱,在音乐创作中借与

---

① *История русской музыки*. Под ред. Пекелиса. Т.I. С.340, 346 и след.

民间艺术相联系来探索民族形式。

萨尔蒂科夫-谢德林在辛辣的讽刺随笔中无情地揭露俄罗斯国家和俄罗斯民族的缺点,却写道:"我对俄国的爱刻骨铭心,甚至不能想象自己在俄国以外的其他地方。"[1] 穆索尔斯基对俄罗斯国家制度持否定态度,却热爱俄罗斯民族。他给列宾写道,"要怎样力大不竭的手才能抓住俄罗斯人生活的全部现实";我"渴望与人民结为兄弟,而非相识"。他的哥哥讲述了他对人民的爱,他"认为俄国农夫是真正的人"。[2]

陀思妥耶夫斯基比谢德林更加尖锐和深刻地揭示俄罗斯人的缺点,但同时更加深刻地看到俄罗斯人的优点。他在临死前一个月写道:"我唯一的目的就是维护人民;我如同相信最神圣的事物一样相信人民的心灵,相信人民的伟大力量,我们中间任何一个人都还没有充分认识到这种力量的宏

---

[1] Макашин С. *Салтыков-Щедрин*. 2-е изд. 1951. Т. I. *Введение*.
[2] *История русской музыки*. Под ред. Пекелиса. Т.II. С.166 и след.

伟和重要意义。"[1]对俄国的恨与对它的爱在屠格涅夫的心里紧密地交织在一起。[2]

列夫·托尔斯泰很好地描写出俄国农民的缺点,针对奥尔洛夫的画写道,他与画家一起感受到"人民伟大的精神力量",爱"他们那颗谦卑、忍耐和被真正基督教启蒙的农夫的心灵"。

俄罗斯人的许多主要特点大概在其他民族的人身上也具备。例如,西班牙人很可能像俄罗斯人那样笃信宗教,也因此像俄罗斯人那样探索绝对之善和生命意义。但他们的宗教性无疑与俄罗斯人的宗教性有某种深刻差别,原因是他们的宗教性与天主教而不是与正教有关。对民族性格的深入理解只能通过与其他民族的性格相比较来达到。本书中没有同其他民族的任何比较,因为完成这种工作的条件尚未实现。首先需要有关于不同民族性格的大量研究,到那时才会出现一

---

[1] 〔俄〕陀思妥耶夫斯基:《作家日记》(下),张羽、张有福译,河北教育出版社2010年版,第1083页。——译者注

[2] 关于屠格涅夫对俄国的恨如何影响他同陀思妥耶夫斯基的关系,参看尤里·尼科利斯基《屠格涅夫与陀思妥耶夫斯基。一段仇恨》一书。保加利亚和俄国出版社,索非亚,1921年版。

俄罗斯人的性格
Характер русского народа

位学者，能够通过比较来揭示他们彼此的差别。

我们来回顾一下以上各章所描写的俄罗斯人的优点和缺点，以便作出最后评价。俄罗斯人的主要特点是宗教性以及相关的探索神的国的绝对之善和生命意义，在失去宗教的情况下则降低至追求尘世生活中的社会公正；由这一特点而生出高级形式的经验能力，即宗教、道德和美的经验，哲学思辨以及对旁人内心的敏锐感知，由此产生与人的生动个体交往。俄罗斯人的第二个原初特点是强大的意志力，由此产生狂热性、极端主义和过激主义，但有时由于对尘世生活的不完美之善漠不关心，产生奥勃洛摩夫性格、懒惰和消极；由此导致中间领域的文化未养成，以及性格未养成，缺乏自我约束。由探索绝对之善而形成俄罗斯人的精神自由、气量宽宏以及用思想和经验考验价值，由此产生放肆和冒险举动、无政府主义倾向、不善于为共同事业达成协议、虚无主义甚至流氓习气。善良属于俄罗斯人的原初和主要特点，被探索绝对之善和宗教性所加深和支撑；但受困于恶与贫穷的俄罗斯人也会表现出巨大的残忍。俄罗斯人因探索绝对之善而发展出高水平的多方面才华、理论和实践才智以及各种艺术领域的文艺创造。对善的敏感在俄罗斯人身上与讽刺才智、倾向于批判一切和不满足于任何事结合为一体。

结　语

俄罗斯人的消极特点——过激主义、极端主义、要么全有要么全无、性格未养成、缺乏约束、大胆考验价值、无政府主义、过度批判——可导致个人和社会生活中惊人的、有时是有害的失序，导致犯罪、叛乱、虚无主义和恐怖主义。俄罗斯人在大胆探索新的生活方式和无情毁灭以往的价值时能够达到极端程度。俄国确实是有无限可能的国家，法国历史学家莫诺是对的，他说，俄罗斯人是最有魅力的民族，但也是最有欺骗性的民族。

然而应注意的是，俄罗斯人的消极特点并非其原初和主要的本性：它们的出现是作为积极品质的背面甚或扭曲。当然，扭曲在现实中比主要的正常性格特点更少表现出来。何况，俄罗斯人注意到自己有某种缺点并加以谴责后，便开始积极与之斗争，并凭借意志力成功将其克服。因此能够寄希望于，俄罗斯人会保留其宗教性，成为民族大家庭中极其有益的成员，去实现尘世生活中所能达到的最大善。

译后有感
——仿吴昌硕诗

一

我本不善译
移译思明理
极知词之义
未必意已达

二

重阳犹未尽
休教冒雨开
尺素留菊影
酬我几年栽